U0943868

政协委员履职风采

ZHENGXIE WEIYUAN LVZHI FENGCAI

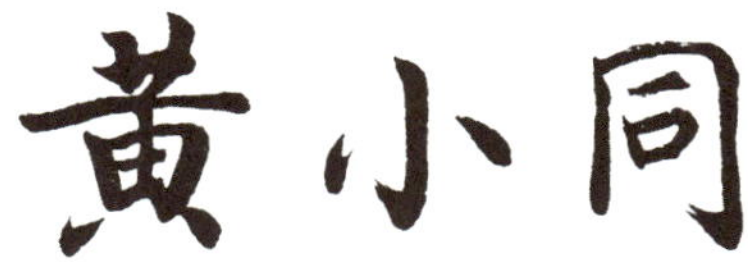

黄小同　著

中国文史出版社

《政协委员履职风采》丛书
编辑委员会

黄小同（2008 年）

第十一届全国政协社科界第 31 组全体委员合影

2008 年 3 月，在全国政协十一届一次会议上，遇到 30 年前做中学教师时教过的学生、来自天津的何悦委员

2009 年 11 月，在安徽淮北参加大运河保护与申遗高峰论坛时，与 1968 年同到内蒙古插队的天津市政协文史委万新平主任相遇并合影

2010 年“两会”期间，接受中央电视台《焦点访谈》栏目采访

2010年5月，参加全国政协文史委组织的福建海西经济文化发展考察，与滕矢初（左）、余辉（右）委员交流

2011年4月，参加全国政协文史委组织的贵州博物馆建设与发展考察

2011 年 10 月，在广州市黄花岗烈士纪念广场参加辛亥百年纪念活动时，与著名粤剧表演艺术家红线女合影

2012 年 5 月，参加全国政协文史委组织的西部长城保护工作考察。图为在内蒙古呼和浩特大召寺接受僧众敬献的哈达

2012年11月底，第十一届全国政协文史和学习委员会工作总结会在昆明举行。图为会后文史委委员在腾冲和顺古镇艾思奇故居考察时的合影

2016年11月，参加全国政协文史委组织的赴台湾进行西安事变资料征集和交流活动。图为交流团成员在张学良故居前合影

目 录
contents

自述：在作为全国政协委员的日子里

建言献策　尽责履职

【提案】

【调研考察及建言】

媒体报道

自述：在作为全国政协委员的日子里

2008年1月底，我收到全国政协办公厅的一份通知：

> 2008年1月25日中国人民政治协商会议第十届全国委员会常务委员会第二十次会议通过，您为中国人民政治协商会议第十一届全国委员会委员。特此通知。

我知道，在自己进入一生第60个年头的时候，成为一名全国政协委员。这是一份荣誉，但更是一份沉甸甸的社会责任。

难以平复的心情

有时安静下来回顾往事时，无意发现自己一生中逢八就会有新的事情发生：1948年自己在围困天津的炮火中出生；1958年作为小学生投身到大跃进中，而最终却由于没有吃的，全身浮肿差点呜呼；1968年上山下乡，到内蒙古大草原插队落户，再造身心；1978年参加高考，进入南开大学历史系学习，从此走进了历史研究的天地；1988年改革开放进入高潮，让自己在人生路上面临重新抉择；1998年从天津市委党史研究室调进中共中央党史研究室；2008年快要退休之际，作为全国政协委员，走进参政议政的会堂。这可能也是巧合吧，不过也说明人生道路的不确定性，以及人生成长之路的坎坷和不易，应该珍惜自己走过的每一步。

接到全国政协的通知，百感交集。我只是一个普通人家的孩子，能走上国家层面的殿堂，参与国家大事的讨论，从内心感谢党和国家的培养，感谢一生中遇到的多位老师对自己的教育，感谢身边的多位领导、同事、同学、朋友给予的信任、关爱、呵护和帮助，更感谢把我辛苦养大的家人没有在他们生活非常窘困的时候遗弃我。我不知道是否还应该感谢从没有跪拜过的上苍，让自己历经磨难顺利地走进了第60 个年头。不过我始终没有忘记当年中央党史研究室主任与我谈话的情景。那是在2007年底，全国政协第十届委员会快要换届了，一天，党史研究室主任找我谈话，说准备让我当第十一届政协委员。我感到很突然，也觉得自己不太合适，因为在我的思想里，政协委员都是社会名流、知名知识分子、民主党派人士等，自己什么也不是，不适合当，而且室里还有其他领导，都比自己位高权重。当自己把这些想法说出后，没有想到主任全都给驳了回去，说："没有什么不合适的，你完全有资格有条件当。"还能说什么呢？就这样，一份信任又是一份重大的社会责任放在了自己肩上，我不能辜负这种信任和这一责任。

首次参会巧遇“学生”委员

2008年3月，我怀着既兴奋又有些忐忑的心情参加了全国每年春天的“两会”。作为一名新的政协委员，应该做什么、怎么做，还都不是很清楚。只能是先带着两个耳朵多听，两眼多看，内心多想，多向老委员学习。报到后，我被分到社会科学界，我很高兴，因为社科界与我从事的工作相近，和各位专家学者在一起时共同语言比较多，讨论问题也能够深入，很有意思。社科界分成两组，里面不少人我都认识，有社会科学院的，也有地方的同志。虽说自己刚参加会议，还都相互不熟悉，但很快就相互认识了，有的还成了很好的朋友。因为是第一次参加会议，又是新委员，尽管事先没有准备，还是写了两份提案式的意见：一份是《关于提高基础设施建设抗自然灾害能力的建议》，这是从2008年1月我国南方发生冰冻灾害中许多电网等基础设施倒塌想到的；还有一份题目为《关于制定民主监督刚性办法的想法》，副标题为“应该赋予人民政协与行政部门唱对台戏的权利”，这是自己在撰写《周恩来与人民政协的建立和发展》论文时想到的，1957年周恩来曾经在一次会议上说过这句话。

这次“两会”上自己还遇到了几个比较熟悉的人，如贺龙元帅的女儿贺捷生，重庆市委原宣传部部长、后来任重庆市政协主席的邢元敏，中央党校的同窗、全国总工会研究室的王晓龙，天津的老朋友张元龙（南开大学创办人张伯苓孙子），自己中学、大学同学马馼，她是国家监察部部长、全国人大代表。还有一个是没有想到的、自己的学生何悦，她是天津大学的一名教授。说起我们俩的见面很有意思。会议期间，一天中午正在用餐时，坐在我的对面，是一男一女两位委员，正边吃边聊，开始我根本就没有注意他们。过了一会儿，那个女委员突然看着我，问了一句："您以前是不是当过老师？"我一愣，回答："是。"她又问："是不是在天津十六中？"我说："是呀。"她又继续问："您是不是叫黄小同？"我说："是呀。"这时，她笑着说："我是您的学生，何悦，您还记得不？"我这才明白，这是遇上天津十六中的学生了。当时，我还没有想起她是哪班的，因为自己虽然在天津十六中任教时间不长，但教过和接触过的班级比较多，有初中也有高中。不过，后来两个人在饭桌上越聊越清楚了，我也想起她们班来了。记得1974年夏秋我从内蒙古草原回到天津后，正赶上天津需要从老三届中选培一批中学教师，我被选中，经过几个月的师范进修培训进入自己的母校天津十六中（现在的耀华中学）。曾教过初中班，何悦是我教过的初中班的学生，后来改教高中班就离开了她们。这个孩子我还真有印象，那时她比较沉静，话语不怎么多，但很认真。几十年过去了，她要是不说，我根本不可能认出她来。这时，坐在旁边的那位委员说："应该请记者来采访你们，这是师生同为政协委员，共商国是呀！"后来才知道，何悦曾是一名律师，后到天津大学当了教授，教法律，也是一位很能干的人。她写了几本法律方面的书，小有名气的，现在是致公党天津市委会常委。可以说，她已经从一个小女孩变成了成熟的职业女性。后来的几年，每次开“两会”，我们都能见面。

参加奥运志愿者培训

2008年是中国的奥运年，和北京的老百姓一样，自己很想作为一名志愿者为北京奥运会服务。于是还在2007年就报了名，还真就有了机会。记得2008年“两会”后，接到志愿者培训的通知。4月下旬的一天，尽管天空下着雨，阴沉沉的，但我的心情挺好。等待了多少天，联系了多少次，终于轮到我这个奥运志愿者参加培训了。我想，人的一生能够参加一次奥运会，还是不容易的，自己一定要为奥运会做点什么，何况自己又非常喜欢体育运动。

说起体育运动，我自认为还有些天赋：一是喜欢、有兴趣；二是身体协调平衡能力还可以；三是学的快，学什么像什么，别人看了总说自己有基础。上学时什么运动都参加过，足、篮、排都玩，特别是军体活动，那还是1964—1965年，正赶上人民解放军大比武，当时我在天津十六中上高中，我们班是学校民兵尖子班，队列、刺杀、格斗、武器拆卸、无线电报务、跳伞、荡板、旗语、抛缆、攀登等项目，我们都学习，很有意思，现在还时常怀念起那个时候。以后又搞上了文艺，说拉弹唱，那时的学校学习生活课外活动非常丰富。后来到内蒙古插队，没有条件玩体育了，但是放马、骑马又把自己锻炼了一番。20世纪90年代后又开上了车，实际上开车也是一种运动，锻炼自己的反应和平衡能力。工作这些年，比较喜欢的运动是网球（可惜受场地的限制）、乒乓球、保龄球、台球，玩的比较多的是乒乓球，特别是机关建立起乒乓室后，几乎每天下班后都要打上一两个小时。也喜欢看体育比赛，足、篮、排三大球都看，特别是NBA，是姚明所在的火箭队的忠实观众。所以，奥运会在北京召开，给了自己一个很好的机会，既要观看也要服务。我始终认为体育运动是最能体现不屈不挠、永不服输精神，体现人的意志、体现团队精神、体现大家庭的和谐的，也最能让人感动、令人振奋，这里没有国界、没有肤色、没有语言之分，更不受政治的约束。五环旗下大家平等、友好相处。自己愿意为这样一个大集体、大家庭服务，为此自己决然报名参加志愿者服务工作，期望能当上一名赛会志愿者。

可是由于自己平时工作忙，多少次活动没能参加，也联系了多次。前几天，终于接到了让我参加城市志愿者培训的通知。城市志愿者与赛会志愿者不同的是，赛会志愿者是在比赛场地进行服务，而城市志愿者是奥运会期间在赛场以外的城市各重要站点服务。

这项工作是由共青团北京市委组织开展的，可以想到，恐怕都是青年人。作为一名老共青团员、团的干部，没想到几十年后，自己又参加了年轻人的活动。

那天，冒雨乘车来到北京市第二医院。因为组织此次培训的是西城区二院团委的同志。9点钟左右，已经有30多名志愿者来了。基本都是年轻同志。根据组织者的要求，大家分成三个组并开始相互认识。从大家的自我介绍中，我了解到，今天来的志愿者中，我的年龄是最大的，最小的还是在校学生；从事各种职业，中央机关就我一个人，其他有学校、企业、商店。不管干什么的，今天都是志愿者，是平等的。自己参加这种活动，一个最大的感受是，人应该做一个平常人，就是老百姓中的一员，心里特别的踏实、平和。

培训开始后，首先是主持人介绍了奥运会志愿者培训工作的指导思想、培训内容、要求和注意事项。大家听得非常认真，然后以组为单位，考察每个人的团队意识和团队精神。活动很时尚、很年轻化，要求迅速记住本组所有人的工作单位和姓名。我发现自己年岁虽大，但脑子还可以，站起回答时，还比较流畅，没有错。也正是在这个过程中，不知何时，大家让我当了组长。在回答有关奥运会知识时，还进行了有奖抢答，我还真得了奖。不过后来我把奖给了旁边的一个小姑娘。

培训的第三个内容是各组在规定时间内设计出能代表本组活动的标志，并提出相应的口号。别看大家互不认识，但是在这么短的时间内，能相互融合、相互启发、补台，还是挺好的。大家积极动脑筋、想办法，特别有一些年轻同志，还真是认真发挥作用，没有什么不好意思、扭捏的。作为组长，我感谢这些刚刚相识的伙伴。通过最后展示，大家都很高兴。最后各组做小结，我们那组自然就是我了。我从容地站起来，首先对负责组织这次培训工作的组织人表示了充分肯定，其次感谢本组同志对活动的积极性、主动性、团结性。最后还提了一些希望。用大家的话说，一看就是当领导的。不过他们也说，作为一个中央机关的干部，能和大家在一起参加培训，还真够意思。当时他们并不知道自己是全国政协委员。

培训活动结束已是下午，大家兴致高涨，有些意犹未尽。通过培训，既进一步了解了奥运，又结识了朋友，自己也感到了年轻。这一天，也是自己作为一名政协委员以实际行动迎接奥运，参加群众活动的体验，对奥运志愿者活动更加了解，与奥运贴得更近了。后来，我把参加奥运会志愿者的事写了篇回忆，收在全国政协文史和学习委员会编选的《政协委员一日》第三辑中。

从研究历史到关注现实

2008年政协大会后，参加了全国政协新委员的培训学习班，很有收获。很快又被选为全国政协文史和学习委员会的委员。政协工作给自己又打开了一扇窗户，从研究党史，扩大到对文史工作的关注。也因为自己有从事党史工作的经历和经验，对文史工作的特点比较容易熟悉，进入工作也比较快，特别是政协文史委员会丰富多样的调研活动，更是丰富了自己的头脑。其实，自己对政协文史资料并不陌生，在多年从事中共党史资料征集和研究过程中，没少看政协系统出版的《革命史资料》《文史资料选辑》，许多涉及中共党史的资料是从政协文史资料中找到的线索。

作为全国政协委员，我发现自己身上有了一些变化，密切关注党和国家的大事逐渐成为常态，而且对社会上发生的许多事情也逐渐敏感起来，对媒体的关注度也增加了。有时看到一些问题，自然而然会想应该怎么办，说明自己逐渐进入了政协委员履职的状态。同时，不论是参加政协委员学习讨论，还是“两会”期间讨论政府工作报告和大会的发言，自己都是积极发言，发表意见，是属于那种敢于发言、愿意发言的人。有时候发言还比较尖锐，所以也引起了不少媒体记者的关注。

在这个过程中，纠正了一些以前在社会上听到的不实之言。那是很多年前自己在天津工作的时候，一次偶然的场合听到有些人反映在“两会”上，人大代表就是举手吃饭，政协委员则是鼓掌吃饭，意思是人大代表和政协委员起不了什么作用。自己作为政协委员参加会议后，遇到的情况并不是这样。记得有一年的大会发言中，有位山东的委员大讲要在济宁建立中华文化标志城。会后，分组讨论非常热闹，特别是我们社科界别，不仅发言多，而且很快就写出了提案，反对这种不切合实际的劳民伤财的做法。2009年，记得国家提出要动用4万亿的财政刺激经济发展后，我们社科界不少委员也提出了异议。总之，每年的“两会”期间不少政协委员的发言还都是很有水平、很有见地、很有针对性的，对自己都有很大的触动，也提升了自己对许多问题的认识。甚至到2013年新一届换届后，自己不再担任政协委员，看到、听到一些问题，有时还会出现要提一些建议的想法。有时自己也会笑笑，心里嘱咐自己是否该放下了。不过后来因为参与了当代中国研究所关于新疆问题的调研，还是针对调研中看到的问题提出了不少想法。

从2009年开始，每年的全国政协会议，我都要写两三篇提案。这些提案都是自己通过调研，用第一手资料写出来的，欣慰的是有几篇提案对有些方面工作还真起到了一定的推动作用。

参加西安事变资料收集工作

2008年11月13日，接到全国政协文史和学习委员会的通知，到全国政协开会。到了会场才知道是关于西安事变资料收集研究工作的。参加的人还不少，文史委驻会副主任卞晋平，文史委副主任、国务院参事室原主任崔占福，杨瀚委员，文史委办公室原主任李松晨，全国政协常委、青海省政协副主席马志伟，北京大学历史系教授王晓秋委员，中国社会科学院学部委员、近代史研究所杨天石，还有米鹤都等人。

会议由崔占福主持，卞晋平介绍了关于西安事变资料收集研究小组成立的原因、目的等情况。我了解到，“文革”前，周恩来倡导并在全国政协内成立过西安事变资料领导小组，开展过许多资料收集活动。“文革”结束后，政协恢复工作，这项工作也得到恢复。杨虎城之子、杨瀚的父亲杨拯民同志担任过全国政协副秘书长、文史委主任，曾领导过这个小组，后来杨拯民去世，这项工作又停止了。2008年4月，杨瀚委员提交《关于继续开展西安事变资料收集与研究的建议》，贾庆林主席等全国政协领导很快作出批示。5月，全国政协文史委陈福今主任根据政协领导批示要求文史委办公室提出相关具体意见，以便抓紧落实。10月，关于西安事变资料收集与研究小组组成的建议名单经全国政协领导同意，我被指定为小组的副组长。

作为多年从事中共党史资料征集和研究的我，对能让自已参加西安事变资料收集研究工作，非常高兴，因为这也是自己熟悉的工作范围，而且是非常有意义的事。从全国政协来说，积极开展这项工作首先是为了坚持和扩大爱国统一战线，宣传爱国主义思想，弘扬民族精神，以服务于祖国和平统一大业。收集资料要注意“多说并存”和求同存异。工作目标是争取在本届政协结束时编撰完成《西安事变资料汇编》。工作开展后，中央党史研究室也给予了一定支持。

为了深入收集资料，我们这个小组曾到陕西、南京和台湾等地。后来杨瀚、米鹤都和我三人又专门对已经收集到的资料进行了比较系统的整理、审读、编辑，《西安事变资料汇编》八卷本在大家的努力下还真完成了。但因为在出版方面遇到一些特殊情况，未能按期出版，稍有遗憾。

几封感谢信引起的回忆

2009年六一儿童节刚过，我收到了来自中共甘肃省临夏回族自治州委党史研究室的一包信函，打开一看是临夏地区几所小学写给我的感谢信。这些感谢信立刻勾起了我对往事的回忆。

2008年，我出差到甘肃开会，会后省委党史研究室安排去看看刘家峡水电站，途经临夏少数民族地区，借此机会我想顺便了解当地小学图书馆建设和小学生阅读课外书的情况。一个从事中共党史研究工作的人，为什么会对民族地区小学教育感兴趣？可能与自己曾当过老师有关，内心存有关注教育的情结。2007年，我代表中央党史研究室去四川泸州叙永县检查本室援建的第三所希望小学——田中小学。叙永县是国家级贫困县，是中央党史研究室的对口帮扶单位。因为我们党史研究室的资金有限，那些年主要是采取了教育帮扶的办法。以前已经援建了两所希望小学，这第三所小学是建在山里，路非常不好走。但是这所小学的建成，对那些大山里的孩子和那些辛勤工作的老师来说是极大的喜讯。应该说，新盖的学校质量挺好，三层楼，是当地最好的建筑了。检查过程中在新建的学校楼前照了张相，留做纪念。无意中我发现这个小学校没有自己的图书室，也没有任何课外读物，可供老师和孩子看的只有教材课本。于是我在老师的办公室里和校长、老师聊起来。也正是在那次交谈中，自己做了个决定，要尽个人的力量向希望小学捐一批小学生课外读物。回到北京后，根据自己当老师的经验，通过在出版社工作的一些朋友，广泛寻找适合小学生阅读的书籍。就这样，购置了一批适合小学各年级阅读的课外读物，其中有不少还带有汉语拼音。然后自己将几千册书打包，通过物流公司直接发给四川泸州市委党史研究室，委托地方党史办的同志送过去。虽然是自己临时做出的一个决定，整个过程全是自己利用工作之余在做，累一些，但能为贫困地区教育做点贡献也是很高兴的，同时在当地也产生了很好的效果，据说乡里领导听说了此事，还专门把自己用的车让出来，派到泸州去拉这批书，泸州市党史办也送了一包书，自己听了很欣慰。后来该希望小学的校长借到北京参加培训的机会来单位向我表示感谢，搞得我很不好意思，因为我觉得这是自己应该做的。

所以2008年自己在甘肃临夏时又看了一些小学的实际情况，了解到当地的小学也有对课外读物的需求，就表示愿意为当地孩子们继续捐一批图书，并委托临夏州委党史研究室替自己做些实际调研，用现在的话就是要“精准扶贫”吧。据了解，这次向临夏地区小学捐书活动，临夏州、县两级都非常重视，还专门进行了筛选，寄给我三个小学的情况报告，有永靖县四局小学、华为小学和积石山县甘河滩保安族小学。于是，我利用工作之余又开始了购买图书的工作，党研室的一些同事知道后也把家里孩子看过的书整理出来给了我，让我挑选。在大家的帮助下，最后自己准备7000多本，也是通过物流公司给临夏州委党史研究室发去，请他们代我将书给几个小学送去。

2009年5月中旬，中共临夏州委党史研究室刘仁谦主任代表我专程到这两个县三个小学去送书，还举行了捐赠图书仪式。三个小学的老师、学生代表都在仪式上发言表示感谢，同时也表示了努力工作、努力学习的决心。后来我还知道，此次捐赠在图书活动中，临夏州委党史研究室也捐出了1500本。所以我也非常感谢中央党史研究室和地方党史研究室的同志们对自己捐赠图书活动的支持。捐赠活动结束后，临夏州委党史研究室非常负责任地把有关的照片、录像、各学校的发言感谢信以及州委的信息报道寄来，还专门写了总结报告，其中有几句话反映了贫困地区小学校师生的心声，也给了我很大的鼓励，为此摘录如下：“这次图书捐赠的都是贫困山区的小学，教学条件差，尤其是课外读物缺少，教师普遍反映学生了解知识的渠道单一，知识面狭窄。而您捐赠的这批图书内容丰富，范围广泛，可读性强，学生们接到后都争相阅读，爱不释手，正是雪中送炭之义举。”

三所小学老师和孩子们的来信给了自己很大的鼓励和触动，作为个人只不过做了一些自己应该做的、力所能及的事情，却得到社会如此大的反响、说明我们的社会、我们的教育、我们的孩子是非常需要全社会关注的。我想，作为一个曾经当过老师的人来说，自己还会继续为孩子们的成长尽力的。而作为一名共产党员、一名全国政协委员来说，为国家尽责，为百姓服务，更是必须要做到的。

一份重点提案

2009年全国政协会议上自己提交了一份提案《关于进一步加强对农民工职业技能培训的建议》，记得这是当年初由浙江修建地铁发生重大事故后引发自己的想法而写出来的。没有想到会议后，我的这份提案被全国政协确定为当年的重点提案之一，并组成以全国政协副主席李金华为组长、国务院有关部委人员参加的调研组，到四川、广东实地调查有关农民工职业技能培训的工作。作为提案人，我也被邀请参加了那次调研。因为四川是农民工输出大省，而广东特别是东莞、深圳又是大量接收农民工的地区，很有代表性。当年5月7日，人力资源和社会保障部及财政部联合下发文件《关于进一步规范农村劳动者转移就业技能培训工作的通知》，指出在农民工职业技能培训工作中存在的问题“培训针对性不强、管理不规范、监管措施不到位、个别地方骗取挪用补贴资金等”，同时也提出了要求，即实施分类培训，强化培训针对性和有效性；公开认定定点培训机构，整合优质培训资源；规范资金使用管理，提高资金使用效率；强化培训过程监督，确保培训质量和效果；完善保障措施，确保工作实效。我不知道自己的提案是否对这个文件的出台有影响，但文件中的许多提法，我的提案中基本都写了。所以，当人力资源和社会保障部电话征求我的意见时，我给予了充分肯定。

当年8月，全国政协根据我们调研后拟出《关于加强农民工职业技能培训工作的调研报告》上报中央办公厅和国务院办公厅。这样，在2010年的中共中央一号文件中明确提出了“积极开展农业生产技术和农民务工技能培训，整合培训资源，规范培训工作”等意见。随后，国务院办公厅也发出《关于进一步做好农民工培训工作的指导意见》，从七个方面对农民工的培训工作提出了具体意见。可以看出党和政府对农民工职业技能培训工作的重视，我也为自己的提案能对党和政府有关政策的出台有所作为而感到欣慰。这件事反映了政协委员提案在推动国家社会经济建设、关注民生、参政议政中所起的作用，反映了政协委员、政协组织、有关职能部门和政府之间的有机关系。我想，恐怕这也是后来中央电视台《焦点访谈》栏目要采访我的原因所在。

首次参加国庆阅兵

2009年还有一件大事让自己难以忘怀，那就是10月1日中华人民共和国成立60周年大庆之际，作为全国政协委员，自己有幸参加了国庆阅兵式和当天晚上天安门广场欢庆活动的观礼。可以说，这在自己的一生中留下了非常珍贵的记忆。为了准时出席全部活动，我们提前入住了位于北京火车站北面、长安街上的国际饭店。报到后，因为住在比较高的楼层上，可以看到整个长安街，特别是晚上，当华灯点亮整个长安街的时候，看着长安街上奔驰的各式各样车辆，流光溢彩，非常漂亮。“十一”的前一天晚上，特别想看看受阅部队提前进入长安街的景象，但因为有纪律，不让随便拉开窗帘，只好在期待中睡着了。

“十一”当天，我早早就起床，从窗外远远可以看到长安街上等待检阅的部队已经集结完毕。天安门广场已经完全戒严，连送我们去观礼台的汽车也不能通过，需要我们在北京饭店附近下车，自己走过去。这样我们这些政协委员要从许多受阅方队前经过，我们都情不自禁地停下，和已经列阵的各种部队合影。激动呀，作为中国人，看到我们国家有这么强大的军事力量，感到由衷的自豪。登上观礼台，自己内心还是久久不能平静下来，因为这是平生第一次，而且又是观看阅兵式。

在观礼台上，还遇到了不少熟人，其中有在中央党校同班学习的王晓龙，他是全总研究室的，我们相互给对方拍照，让自己定格在这伟大的节日里。当天晚上，我们全体委员又参加了天安门广场上的群众大联欢和观烟火活动。没有想到那天的天气是如此的好，真是“逢盛世天公作美，迎国庆神州同欢”。

重访英雄故里

当年的11月，我接到通知，应邀专程去河南参加中共河南省委召开的著名抗日民族英雄吉鸿昌将军纪念馆落成仪式和纪念吉鸿昌英勇就义75周年活动。23日的傍晚，我陪同吉鸿昌将军的女儿吉瑞芝一家人驱车来到将军的故里——河南省扶沟县，参加次日举行的纪念馆开馆仪式。

记得25年前，自己也曾经到过扶沟县。那时的我，大学刚刚毕业一年多，在天津市委党史资料征集委员会工作，接手的第一个比较大的任务，就是中央党史部门布置下来的关于吉鸿昌将军资料的收集整理和研究。其实，关于整理和宣传吉鸿昌的事迹，早在20世纪70年代，周恩来总理就有过批示，认为整理宣传吉鸿昌的事迹“很有必要”。但是当时正值“文化大革命”时期，许多该做的工作是不可能做的。“四人帮”倒台后，长春电影制片厂拍摄的《吉鸿昌》电影影响了不少人，我就是那时对吉鸿昌有了些了解。但是，从党的历史上整理研究吉鸿昌将军，当时还是个空白，而且涉及吉鸿昌和党的关系等许多问题还不是十分清楚。因此，80年代中央党史部门成立后，为拨乱反正、恢复历史本来面目，重新编写党的历史，决定对党的历史上许多重大问题重要人物重新调查整理研究。关于吉鸿昌将军的资料整理与研究就是其中之一。从此，我就一头扎进了关于吉鸿昌和他的那个时代的浩瀚资料中，逐渐和吉鸿昌将军跨越了时空，结下了不解之缘，也正是在收集整理、研究吉鸿昌的资料过程中，自己真正认识、了解了这位从一个旧军人成为一个民主主义者，最后成长为一个革命战士、中国共产党员的民族英雄。

吉鸿昌生于1895年，1913年开始了戎马生涯，他为人正直，不畏权势。北伐期间就曾与共产党人接触，接受革命思想。1930年所部虽为蒋介石收编，但作为军长的他不愿替蒋打内战，在“围剿”鄂豫皖苏区时，把大量武器送给红军。被蒋介石解除兵权，强令出国“考察”时，正值“九一八”事变，他又满怀爱国激情，积极宣传抗日救国。回国后继续反对国民党蒋介石的不抵抗政策。1932年加入中国共产党。1933年与冯玉祥、方振武在张家口建立察哈尔民众抗日同盟军，抗击日军。1934年在天津组织中国人民反法西斯大同盟，从事抗日活动。同年11月9日遭军统特务暗杀，受伤后被捕。在敌人的法庭上，他大义凛然地说：“我是共产党员，由于党的教育，我摆脱了旧军阀的生活，转到工农劳苦大众的阵营里头来。我能够加入革命的队伍，能够成为共产党的一员，能够为我们党的主义，为人类的解放而奋斗，这正是我毕生的最大光荣。”24日在北平英勇就义，时年39岁。就义前写下“恨不抗日死，留作今日羞。国破尚如此，我何惜此头？”的就义诗。英雄一生虽然短暂，但那种为民族、为国家的壮志豪情，那种“做官即不许发财”、时刻为百姓做事的崇高品德，深深教育了我、打动了我，也激励着我。从此，整理、研究、宣传吉鸿昌将军的事迹，成了自己义不容辞的责任。

1984年吉鸿昌将军就义50周年前夕，我负责主持编辑的《国魂——吉鸿昌将军英勇就义50周年纪念辑》出版，邓小平、聂荣臻、薄一波等老一辈革命家为该书题写了书名和题词。当时为编辑这本书，我多次到河南扶沟。在当年11月24日那天，自己也是陪同吉鸿昌将军女儿一家来到扶沟县，参加了河南省委召开的纪念吉鸿昌将军就义50周年大会。

20多年过去了，此次自己再次来到英雄的故里，看到英雄的家乡——扶沟伴随改革开放发生的巨大变化，真是感慨万千。扶沟，古称桐丘，因境内东有扶亭，西有水沟，各取一字，故称扶沟。西汉高帝十一年（前196年）就有了县的设置，迄今已有2000多年的历史，是黄河古文化发祥地之一，有很深的历史文化底蕴。境内有保存完好的凤凰岗遗址、古城墙遗址、支亭寺仰韶文化遗址、宋代理学家程颢任知县时建造的大程书院古建筑群，还有明洪武二十年兴建的文庙大成殿以及道教圣地雾烟山等。但由于是单一农业，历史上比较贫困，是改革开放改变了这里的一切。现在已经成了全国商品粮基地县、全国优质棉生产基地县、全国无公害蔬菜生产基地县、全国果菜十强县、全国绿色农业示范县、全国绿化模范县、全国基础教育先进县、全国科普先进县。高速路通到县城，城里道路宽了，楼房高了，商店多了，市场热闹了，人们生活也富裕了。

扶沟人民生活好了，并没有忘记这一切是中国共产党带来的，没有忘记革命先烈为今天所付出的一切：县城里，我们看到了一条命名为“鸿昌”的大道；路边的楼房、商店悬挂的纪念吉鸿昌将军的标语；还有鸿昌学校、鸿昌商店。可以感受到，吉鸿昌将军的事迹、崇高的精神已经深深地扎根在扶沟人的心里，融入了扶沟人的生活。吉鸿昌将军成了扶沟人的骄傲。

11月24日上午10点，扶沟县委、县政府在县人民会堂举行了以纪念吉鸿昌将军为主题的群众性红歌演唱会，开场就是为吉鸿昌将军就义诗“恨不抗日死，留作今日羞。国破尚如此，我何惜此头”谱曲的大合唱，雄浑、坚强、悲壮，每一句歌词、每一个音符震撼着每个人的心，不少人流下了热泪。演唱会上，干部、老师、职工、学生和邀请来的军旅歌手纷纷登台，用激昂、雄壮、热情的歌声颂扬将军的精神，讴歌我们的时代，表达着继承革命遗志、建设美好家园的决心。所有节目都令人感动，一个县能把演唱会组织得这样完美，真是不多见。

下午，我陪同吉瑞芝及家人一行提前乘车前往纪念馆，因为河南省委书记徐光春等省委领导同志要和吉瑞芝及孩子们见面。我们的车沿着鸿昌大道向城外驶去，很快地，一座崭新的、色彩凝重又不失现代感的高大建筑呈现在我们的眼前，那就是纪念馆了。江泽民同志题写的“吉鸿昌将军纪念馆”八个鲜红的大字镶嵌在纪念馆迎面的斜上方。我知道，改革开放以来，几乎所有党和国家领导同志都为吉鸿昌将军题了词，他们不仅表达了对将军的敬仰之情，同时也表达了对将军爱国主义精神的弘扬。

开馆仪式是在纪念馆前的鸿昌广场上举行，纪念馆前矗立着高大的吉鸿昌将军铜像。仪式开始，雄壮的国歌声在广场上空回响，我又似乎看到了在国家危亡之际，吉鸿昌将军扬刀跃马，所向披靡的雄姿。仪式上，我陪同吉瑞芝阿姨首先向将军铜像敬献了花篮。随后，省市县领导以及北京来的将军代表也先后敬献了花篮。

开馆后，我急切地走进展馆，映入眼帘的是许多熟悉的照片和资料，因为，这里陈列的许多内容我都是了解的，其中有不少是我亲自征集、整理的，我还看到了自己为反映吉鸿昌将军在鄂豫皖苏区活动画的地图，特别高兴的是在反映吉鸿昌将军入党的那部分，还陈列着我写的一篇论文，题目是《吉鸿昌将军入党时间考》。这篇论文是自己根据多年对吉鸿昌将军革命实践的调查和研究而写。文章根据大量的第一手资料，对过去宣传将军是1934年入党的说法进行了纠正，提出了1932年加入中国共产党的意见。目前关于吉鸿昌将军的宣传都采用了这一说法。我想，这也是自己为宣传吉鸿昌将军做的一点实际贡献吧。

因为当晚要返回北京，看完展览后，我们就要离开纪念馆。当推着吉瑞芝阿姨的轮椅出了纪念馆时，没有想到，此时纪念馆前的广场上，参加开馆活动的扶沟县的干部群众许多人都没有走，他们要亲眼看看将军的女儿，要亲自送送将军的后人。许多戴着红领巾的孩子们喊着："吉奶奶好！吉奶奶好！"已经77岁的吉瑞芝阿姨笑着向大家摆手，和簇拥在轮椅边上的孩子们说着话。汽车就要开了，扶沟的乡亲们还是久久地不肯离去，大家使劲地摆着手。我们抓紧用相机拍下了这一切，那一张张朴实的笑脸，以及流露出的英雄故里人民对吉鸿昌将军的崇敬和爱戴，对继承吉鸿昌将军遗志的信心和决心，瞬间都定格在那一张张照片上，成为永久的纪念。

汽车驶离了纪念馆，我不由自主地回首向那高大、但逐渐远去的将军铜像默默地望着，我知道将军当年的遗愿正在实现，英雄的家乡会发展的更加美好。

关于参加纪念英雄活动的情景，我很快写了一篇记述，发表在了2010年1月21日《人民政协报》春秋周刊上，后来又收入《政协委员一日》第四辑中。

看到英雄故乡的纪念馆建设，不由想到了作为英雄最后战斗的地方——天津，也有吉鸿昌的故居，但是在保护利用上还存在不少问题，尽管在1989年我还在天津工作时，曾和几位朋友联合就天津的革命遗址保护利用问题写过调研报告，报告中还特别谈到吉鸿昌在天津的故居问题，但据说到现在还没有解决。也就在这次重访吉鸿昌家乡后，自己又专程回天津做了一次调查，写了篇《关于尽快恢复天津吉鸿昌故居纪念英烈、宣传教育后人功能的建议》作为提案在2010年的“两会”期间交给了大会。看来许多事情要做好，还需不断的努力呀。

走进《焦点访谈》

2010年3月全国政协会议前，中央电视台《焦点访谈》栏目通知我，要采访自己。听到这一消息，自己还确实紧张了几天。因为这个栏目是中央电视台的黄金时段节目，收视率很高，有点害怕自己说错话，也不知会问出什么问题来。不过后来，我想，反正自己实事求是，有什么想法就说什么吧，也就慢慢放松下来了。现在想起来那天的采访，还是觉得挺有意思的。

由于中央台的采访需要被采访者佩戴政协委员证，我只好在3月1日就到会议驻地建银大厦报到，拿到政协委员证。当天下午，《焦点访谈》栏目记者黄洁带着摄像人员来到宾馆，一个半小时的采访还是比较顺利的，后来又到房间拍了些工作镜头。送走她们，一块石头算是落了地。可没有想到，晚上9点多，又接到黄洁的电话，告知明天早上还要重录几个镜头。因为这个节目要由著名主持人敬一丹来主持，而她3月2日一早才能从东北赶回北京。我已经落地的心又提了起来：大牌主持人嘴都是非常厉害的，不知自己应付得了吗？心里又没底了。当天晚上自己只好又认真地打了一次腹稿，把要说的顺顺，到时随机应变吧。

第二天上午，快11点了，黄洁电话来了，说她们快到了，可是敬一丹没有记者证，进不了驻地，没办法，我只好出面找到驻地全国政协会务负责人，说明情况后才解决了问题。不一会儿，敬一丹和黄洁就来了，说实话，当握手表示欢迎之意后，我的紧张感也就没有了，因为我看敬一丹很随和、随便，而且还带着刚刚出差回来的那种疲惫面孔，绝不是那种盛气凌人的大牌主持。

当我从楼上把提案等一些材料拿下来时，发现敬一丹已经打完了面妆，看来她们是经常面临这样突然的任务。刚才那一脸的疲惫，已经看不出来了。就这样，第一次接受了如此著名的主持人的采访。后来我们又聊了聊天，发现有不少共同语言，原来她也是知青，只不过是1972年从东北老家去了林场。用她的话说，感觉下乡不下乡，变化不大。当她听说我在内蒙古牧区插队，不由感慨地说，你们是真受苦了。所以，她表示我这个为农民工的提案的提出，是在做一件善事。后来，在审读一本由中共哈尔滨市委党史研究室编辑出版的《知青岁月》时，发现书中有一篇敬一丹的回忆文章，才知她是哈尔滨知识青年，1972年到小兴安岭清河林区劳动，后在林区当了广播员，1976年离开清河，到北京广播学院读书的。虽然比自己年龄小些，但也属于曾经历过上山下乡那一代人了，所以才有不少共同语言。

下午，全国政协十一届三次会议隆重召开。回驻地的路上，接到黄洁电话，让我晚上按时看电视。可哪知道晚上还要开一个会，到时还真看不了。不过黄洁告诉我，这个采访要挂在网上，可以随时看。

尽管晚上没有看到电视，但当晚就有朋友把电话打进来，说已经看到对我的访谈了，认为非常好，这时我一颗悬着的心才真的踏实下来。冷静想来，其实自己也就是为农民工说了说话，没想到引起如此大的反响，可见做一名政协委员，只要真正的为老百姓说话办事，那就是真正的参政议政。

为山区农村文化建设呼吁

没有想到，另一个提案又让自己在中央电视台露了一次脸。记得那是在2010年9月，自己随全国政协副主席陈奎元到云南考察滇越铁路，考察结束后，在朋友的帮助下，又前往云南红河石屏县的几个少数民族村寨走了走。特别是在哨冲镇慕善村看到了基层农民对文化的需求和渴望。这是个彝族村寨，也是石屏花腰舞的发祥地。花腰舞是一个集体性的舞蹈，参加跳舞的都是女孩子，穿上大红的绣花服装，边唱边跳，欢快，红火，很快就能把观舞者的情绪调动起来。因为远近有名，县里有活动就派他们演出，到外地甚至国外去演出，但因为没有经费支持，开展活动就非常困难。就连演出服装都要自己做，一套服装做下来得花费3000多元，这对边远山区农村的农民来说是一个很大的负担。就是这么困难，这个村寨的农民们也没有放弃对这个舞蹈的热爱，有些年轻女孩子外出打工了，村里一些有孩子的妇女就带着孩子来跳。没有想到的是，就是这么一个小小的村寨，当地农民因地制宜自发搞起了三个小型展览室。一个是反映解放前后彝族百姓生产生活用具的演变对比；一个是反映新中国成立后五六十年代的农村文化活动，包括放电影、文艺宣传队表演等的照片、器具展览；还有一个是各式各样彝族服装的变化展览。尽管展览室比较简陋，但可以看出这个村寨农民们对文化的需求。自己边看边在思索，怎么才能帮助他们，实现他们对农村以及少数民族文化的追求。离开云南后，我脑子里开始形成了一个提案。这就是在2011年全国政协会议上提交的《关于政府要加强对农村基层文化建设的指导和财政扶持的建议》。当年快到夏天的时候，一天，突然接到中央电视台的电话，说要见见我。见面后我才知道，原来中央电视台根据党中央要抓基层文化建设的思路，到全国政协去了解有关加强基层文化建设提案的情况，全国政协宣传局就把我这个提案给推荐出来了。中央电视台看到我那个提案非常高兴，希望我能带他们摄制组专程去云南看一看。我想，也好，这样反而能进一步推动当地的文化建设，就答应了。这样，我就带着中央电视台的一个摄制组到了云南，没有想到云南台也要派人跟着。就这样，我再次来到石屏县。在石屏县，中央电视台的同志就开始了采访，还在县城广场上让县文化馆的舞蹈队和老百姓一块儿跳花腰舞，还让我上去跳了一会儿，并让我讲几句。这些他们全都录了下来。

我们又到了村里，没有想到，一年过去，村里也有了很大变化。不仅修缮了小广场，舞蹈队也壮大了。原来的三个小展览又多了一个，那就是彝族妇女的刺绣成品展。而且，在自己提出政府要加强对农村基层文化建设的扶持意见后，他们村还真收到了30万元的支持。看到村里的变化，听到他们自内心发出的美好声音，我感到非常满足和欣慰。我知道，自己的力量是有限的，但只要努力，还是会有一定成效的。后来，中央电视台专门播放了这个节目，许多人看了后，打电话给我，说我又给基层农民办了件实事。让自己高兴的是，自从在中央电视台宣传了云南红河石屏的花腰舞，这个县的舞蹈又被几次邀请到中央电视台的许多大型节目中表演。每次在电视上看到她们欢快跳舞的身影，内心都非常高兴。后来，在一次全国政协会议中中国国际网络电视台又就这件事采访了我。

情系内蒙古大草原

记得2012年，全国政协副主席陈奎元带队，全国政协文史委组织一批委员到西部，进行长城保护问题的考察，我也参加了。这次去了宁夏、内蒙古、甘肃等省区，考察了战国、秦、金、明等不同时期有代表性的长城墙体、关堡、烽火台等17处历史遗址遗迹，收获很大。

特别是在内蒙古考察时，还专门到了我几十年前插队的四子王旗。我们乘坐的汽车刚翻过大青山，看到北方辽阔的草原，自己的内心就激动起来，一路上就给同车的全国政协文史委办公室的陈爱菲局长等人讲起了当年插队的故事。陈局长劝我应该把那段历史写出来，我想自己会写的。那次考察的金长城是在白音朝克图苏木（蒙语公社之意）白音锡勒嘎查（蒙语大队之意），距离我插队的草原不太远了，遗憾不能回去看望。考察完后，我们返回了呼和浩特，当天下午，内蒙古自治区领导听取我们的汇报。在汇报会上，大家都对如何保护长城发表意见，我也讲了，但是我又提了一个和长城保护没有关系的问题。

当时在场听取汇报的有内蒙古自治区党委书记胡春华同志。我首先自报了家门，我说：我是1968年到内蒙古四子王旗插队的知识青年，内蒙古草原是我的第二故乡，我要为自己家乡的父老乡亲说几句话。我建议能否把现在还生活在草原深处不适宜人居住地方的蒙古族群众搬迁出来，因为那些地方没有水，距离城镇太远，看病就医以及孩子上学都没有保障，那里的百姓需要提升生活质量。我的这个建议得到了胡春华书记以及其他几位听汇报的领导的赞同。为什么自己要在这个场合提出这个建议？原因是1998年在我们上山下乡30周年的时候，我们这些知青第一次返回草原看望乡亲。没有想到，才离开20多年，草原生态发生了如此大的变化，原来茂盛的草没有了，逐渐沙化，水源更加缺乏。特别是当年和我们一起放牧的伙伴几乎都已离世，草原上吃肉喝酒睡蒙古包的生活方式，缺医少药的环境，再加上恶劣的生态条件，不少人都因病去世。和我一块放过马的，只有阿迪亚还在，但也是做了大手术，被切除了脾。尽管他见到我们，还像当年一样，拉起了四胡，唱起熟悉的好来宝，可我心里总是酸酸的，心情久久不能平静。2008年自己退居二线后，时间比较充裕了，几乎每年我们几个知青都要返回草原看看，每当看到那光秃秃的没有人气的戈壁草原，总感到不舒服。尽管已经有不少汉族百姓逐渐回到旗府所在地，但还是有一些人不愿意离开那里。但我真心希望他们应该有更好的生活环境，健康地活着。所以在这个场合提出了这个建议。记得当晚吃饭的时候，胡春华书记走到我面前说，你提出的搬迁的意见是对的，也是非常重要的，主要是目前还有些困难，思想不十分统一，还需要做些工作。但对我的发言表示感谢。我说，这是我的第二故乡呀！

我对四子王旗草原的看法想法，在一次全国政协会议上因为遇到了北京军区打水部队的李国安将军，交谈中进一步得到了印证。据李国安将军讲，他曾带领部队专门到四子王旗打井，非常困难，有些地方根本就打不出水来。我插队的地方距旗府所在地乌兰花有好几百里，我们在的时候，就没有什么水，有限的几口井水还是咸水。李国安将军听说我在四子王旗插队，很感慨地说，你们在那个地方插队是真受苦了。我笑着说，受苦倒是不怕，主要是不能洗澡。记得在1973年，那时知识青年选调已经开始了，有一次一个记者采访我，说你还没有走，你最大的愿望是什么？他以为我会说希望赶快离开草原。记者没有想到我会说：最希望能痛痛快快洗个澡。

在全国政协委员中，还有一位特别关注四子王旗的人，那就是著名的航天工程专家戚发轫委员。记得有一次，他听说我是在四子王旗插队的知青，就问我，你知道咱们“神五”“神六”几个飞船都是在你们那里降落的吗？我说，知道啊，那些降落的地方我们都去看过，已经立了纪念碑了。目前我国航天器选择四子王旗为降落点，我个人看主要是因为草原地势平坦，没有高山沟壑，没有河流湖泊，且人烟稀少。航天器降落的地区正是从四子王旗旗府到我插队地方的途中，所以每次回我们公社大队时，总是可以路过的。戚发轫表示自己一定要去四子王旗看看那些降落的地方。我还曾打算陪他去一趟的，后来我听说他已经去了。说实话，我为自己的第二故乡能承接如此重大的任务而高兴。从心里说，不论是作为全国政协委员，还是一个老的草原知识青年、一位牧马人，我要为自己的第二故乡越来越好、为那些曾经照顾我们的父老乡亲过上好日子尽一把力。

永远做对社会对百姓有益的事

作为全国政协委员和全国政协文史和学习委员会的委员，每年外出调研的任务比较多，根据自己的考察笔记，到2012年自己参加集体考察调研以及开会等活动就有19次，印象比较深的有天津唐山、山东青岛、福建海西等地经济发展的考察，浙江大运河、内蒙古宁夏甘肃古长城、陕西四川古蜀道的考察，云南滇越铁路、北京贵州博物馆、江西红色资源的考察，青海内蒙古的生态考察。全国政协还派自己参加了大陆与台湾的文化交流活动。这期间，自己还就一些问题单独调研了三次。五年中，自己撰写的提案有15篇，除了接受了中央电视台的采访，还接受了《光明日报》《人民政协报》《中国档案报》《南方周末》的采访。有些熟悉自己的人说，黄小同当了政协委员，讲话比以前大胆了，敢说了，而且问题也找得准。说实话，自己是一个爱发表意见的人，只是自己特别注意对方的态度，如果对方喜欢，自己就愿意讲，而一旦发现对方不喜欢听，那自己可以不讲，从性格上说也是有些谨慎。不过，作为曾在农村草原生活过，又有多年实际工作的锻炼，特别是作为全国政协委员后，深感肩上有种责任，不为老百姓说话是不行的。俗话说

“当官不为民做主，不如回家卖白薯”。欣慰的是，在作为全国政协委员的日子里，自己还收到一些其他地区的群众来信，都是反映问题的，也是希望通过自己能为他们说说话，自己都做了比较妥善的处理。

所以到2012年底，第十一届全国政协文史和学习委员会工作届满前准备出一本纪念册，对五年履职工作进行总结，让每位委员写些感想时，自己写了几句顺口溜，作为“履职感言”：

政协委员，责任牢记。五年履职，尽职尽力。
参政议政，国是热议。关注民生，反映民意。
带着问题，走进基层。十余提案，谏言建议。
回眸五年，基本满意。专委活动，丰富多彩。
学习讨论，发言积极。文史考察，深入实际。
相互交流，提高自己。委员交往，结下情谊。
五年时短，实难忘记。人生一段，难忘经历。

这也算对自己当全国政协委员五年的一个交代吧。

2013年2月自己收到全国政协发给不再连任的十一届全国政协委员的一封信，向大家致以崇高的敬意，信中指出：

五年来，各位委员牢记党和人民的重托，充分发挥在本职工作中的带头作用，积极投身改革开放和社会主义现代化建设事业，在各自岗位上施展才华、建功立业；充分发挥在界别群众中的代表作用，密切联系各界群众，及时反映社情民意，切实履行以人为本、为民服务的工作职责；充分发挥委员的主体作用，深入开展调研视察，精心准备提案发言，推动政协工作科学化水平不断提高。五年履职的生动实践，彰显了委员们心系祖国、情牵百姓的感人情怀，体现了奋发有为、务实创新的精神风貌，你们向党和人民交出了一份满意答卷。

说实话，自己非常感谢五年在任全国政协委员期间各项活动对自己的锻炼，也从中学习到许多做人、做事的道理，更重要是懂得了人的一生是很有限的，如何珍惜自己走的每一步，如何更好地为这个社会、为老百姓做些实事，是非常重要的。

也正因为自己不论干什么都比较认真，尽心尽力，所以，虽然从2013年自己不再担任全国政协委员、全国政协文史和学习委员会委员正式退休后，全国政协文史委还是经常让自己参加一些活动，主要是发挥自己党史工作方面的经验，帮助他们做一些工作。2015年纪念中国抗日战争暨世界反法西斯战争胜利70周年之际，自己参与了全国政协文史和学习委员会编辑十卷本的《亲历者说》工作，应该说，这套书还是很有价值的。2016年，为纪念西安事变80周年，全国政协文史和学习委员会专门以西安事变研究会的名义组织了西安事变史料征集交流参访团赴台湾开展交流活动，自己作为年岁最大的成员又去了一趟台湾。2017年，中国政协文史馆拟在2018年中共中央发布“五一口号”70周年之际，搞一个中共秘密护送统战人士北上的课题，又让我作为他们这个项目的专家顾问，我很高兴，又随课题组同志到山东、天津、东北等地进行了考察调研。除了政协方面的工作，退休后这几年还参加了中国社会科学院当代中国研究所关于新疆问题的调研，继续发挥着参政议政的作用。

总之，我认为一个人一生不是图名，也不是图利，只要踏踏实实能做些对社会对百姓有益的事就挺好，这也是作为一个共产党员、一个党史研究工作者应该尽的责任。人要始终敬畏历史、敬畏人民，珍惜自己走的每一步。在自己一生不长的最后时间里，已经退休又近乎出世的人，还愿意做一些对社会、对人民、对自己都有益的事，尽力发挥自己的一些余热吧。

2017年9月

建言献策　尽责履职

【提案】

关于提高基础设施建设抗自然灾害能力的建议

——从南方冰雪灾害中电网大面积倒塌所想到的

从2008年1月到春节前，我国南方十余省遭受到50年来一遇的冰雪灾害，造成罕见的困难：电网倒塌城乡断电，公路封闭铁路停运，百万民众滞留路上，生产生活面临困境。在党中央和国务院的直接领导下，在有关方面如电力、交通、民政、军队几百万人的全力奋战和全国人民的支援下，这场冰雪灾害终于取得了阶段性的胜利。各级政府和广大干部群众在这场冰雪灾害前经受住了考验。这是值得高兴的。但是这场冰雪灾害中出现的问题，也给我们留下了值得思考的空间，其中电网电塔大面积的倒塌，造成十几个省城乡地区的断电，以致使铁路停运，通信中断，百姓无法照明取暖，企业被迫停产，直接经济损失1500多亿元。令人感到震惊，仅仅是单纯气候问题，还是我们的基础设施，如电网电塔本身设计指标有问题？或者还有其他问题，值得深思。

我个人认为，出现上述问题，是有对南北气候差异因素、对拉尼那现象影响的估计不足，重要的恐怕还是与南方各地电网电塔设计指标偏低，没有跟上这些年气候的重大变化提高设计指标，抗冰冻灾害能力相对薄弱有关。据国家电网工程专家介绍，我国南方地区的电缆覆冰指标设计厚度是15mm。最近据电监会首席工程师顾峻源介绍，我国大量的高电压等级线路是按30年一遇的自然灾害来设防的，就是指导线设防覆冰的标准不能超过10mm。可以说这都是针对结冰时间不长，覆冰不厚而言，也就是说在天气冷的时间不长，气温不是非常低的情况下，这种设计方案是可以满足的。据了解70年代前后江西山区的电塔电缆，冬天也有覆冰的时候，那时的工人用竹竿沿线路巡查，边走边敲打，也就解决问题了。

可是此次南方的冰雪冻雨自然灾害持续的时间长，面积大，是没有估计到的。据湖南电力部门讲，这次南方是雨雪交加，不仅雪霜结冰，而且是下雨时边刮风边结冰。有些地区又是冻雨天气，空气中水气含量太多，地面气温又低，雨从空中降下来后一接触地面就结冰。结果造成电塔电杆和输电线路电缆上的冰层越裹越厚，覆冰厚度平均达到40—50mm。有媒体报道，个别地区甚至有70—80mm，大大超过了设计标准，这就使得电塔的垂直荷载和纵向张力大大超过了设计的能力，造成电塔倒塌，电缆断毁。据业内人士介绍，南方地区在冬天冻雨天气是比较多的。而北方冬季比较干燥，雨水少，因此北方电网电缆很难覆冰，电塔电缆上的积雪，大风一吹也就掉下来了。南方却是相反。那么，既然知道南北气候有这样的差异，为什么南方地区电网电缆覆冰标准设计还这么小呢？我认为主要是对极端低温天气认识不足，对这些年全球气候的重大变化对我国的影响估计不足，缺乏预判力，仍然沿用多少年如一日的设计方案，缺乏科学性、针对性，从而造成这次冰雪灾害中电网基础设施没有能够抗住极端自然灾害，甚至可以说有些地方电网设备遭到毁灭性的破坏。

记得1976年唐山大地震，波及天津，造成成片房屋倒塌，上万人死亡。震后，有关城建部门就指出，我们城市的房屋建设缺乏抗大震的思想。后来，在70年代后期的城市建设中，要求楼房必须要能抗8级以上地震。这就是说城市建设的设计标准要考虑到抗击大的自然灾害，特别是涉及国计民生的基础设施，更应该注意对自然灾害的可抗性。当然，这样做必然会增加基础设施建设的成本。这笔账怎么算？我想这次南方冰雪灾害中电网电塔大面积倒塌所带来的重大损失，会使电业专家们做出更加明确的判断，还是应该把基础设施建设建立在能抗大灾、强灾的基础上。

这次南方冰雪灾害中出现的，反映在基础设施不适应极端自然灾害的地方还很多。有些媒体反映：南方许多城市地区的自来水管有很多裸露在外，没有保温措施，低温下被冻爆了很多；南方一些城市修建的高架桥坡度太大，上冻后滑得就连越野车都开不上去；除冰扫雪机械设备严重不足，有的机场才有一辆扫雪车，有些根本没有；冬天的运行车辆根本没有配备防滑链的计划；等等。

为此建议：

一、此次南方冰雪灾害后，国家有关部门，特别是基础建设负责部门应该从这次南方冰雪灾害造成的问题中吸取经验教训，举一反三，认真研究，找出基础设施建设能够抗住自然灾害的出路。

二、提高基础设施建设标准设计的科学性、针对性，要吸纳各方面的意见，更要注意气候变化的因素。基础设施建设一定要考虑到抗极端自然灾害的能力。目前正是灾后重建阶段，恐怕更要考虑这个问题。要居安思危。

三、电网电缆能否通过高科技手段，使其在低温下雨雪结不了冰，或者结冰后也能通过某种技术让其逐渐消融。而不是让工人爬上几十米高的电塔或高空电缆，靠人工敲打，这不仅效率低下，也太危险。人的生命是可贵的。

四、面对突发事件、自然灾害，各部门、各系统制定的应急预案应该有统一协调、联动的内容，不是各部门只管各部门、各系统，避免出现扯皮，措手不及，甚至贻误战机。

2008年

关于对四万亿投资项目应该进行公示的建议

为积极应对国际金融危机对我国的不利影响，保持经济平稳较快发展，去年11月，国务院对财政政策和货币政策进行了“双转向”调整，明确提出“当前要实行积极的财政政策和适度宽松的货币政策”，同时出台了进一步扩大内需，促进经济增长的十项措施，并决定将在2010年前投资4万亿元（中央财政和地方配套投资）人民币刺激经济。当时还要求在年底前，对2008年拟增加投资的1000多亿元，要尽快分配落实到项目上，听说还要尽快把钱花掉。

4万亿元刺激经济政策公布后，受到国内外舆论的一致好评和赞扬。但也出现了令人担忧的现象。如一些专家和媒体披露，国务院十大措施一公布，各大部门积极响应，新旧投资规划立即上报，许多地方政府、驻京办、驻部办、京内外企业闻风而动，国家发改委门前车水马龙、熙熙攘攘。据有关媒体反映，11月上旬，国家发改委附近的宾馆、酒店便几乎住满，被住满的甚至包括附近的一些地下室，地下室的房价上涨了近一倍。

为了能够成为享受4万亿元财政资金的项目，并尽快能够从1000多亿元的增资中分到一部分，各地都是在很短的时间，拿出早已准备好的上百个项目。为了尽快拿出项目，有些地方官员要求："要敢想，打破思想桎梏；要快；要敢做，能报的项目都要报上去；要打包，敢于拼盘子。"有的还提出"要在做项目、跑项目工作中发现干部，培养干部"。"项目要越多越好，越大越好，尽可能多报"。有的省为了抢时间，甚至要求报项目不要开会汇报，汇报一切从简。这实在不能不让人担心上报项目的质量。有些地区往常半年内都不一定收得全的申报材料，这一次，不到5天，都上来了。有的省就用了一天完成了各市县的上报；有的省上午通知，下午下班前就要求报上来。有的地区根本来不及，就把2008和2009两年的项目一股脑儿全报上。

在这种抢时间、争速度的申报项目形势逼迫下，听说不少地区只能把曾上报但被搁置或已审批但资金未到位的项目报上去，这也就使得相当多省份的项目仍然以高速公路、铁路、能源建设为主，而不可能达到国务院要求的向民生倾斜的农田水利、保障性住房等建设项目。据某省发改委人介绍"老项目几乎占了八成以上，以能源和基础建设为主"。从各地公布的投资蓝图和数据看，各地投资重点是机场、铁路、公路、电厂等基础设施工程，民生工程所占比例普遍没有30%。目前，各地在民生领域投资欠账很多，如果此次投资不能按照中央要求拉动内需，要实现"投资方向集中在民生领域（医疗、教育、社保、文化等）占总资金比重60%"的部署，恐怕很难。如果各地刺激经济的投资项目失去以民生为核心的坐标，纵然完成了投资计划，扩大了内需，但如果不能保障民生环境得到明显改善，无疑也是决策上的一定失误。

另外，尽管去年11月16日中央深入学习实践科学发展观领导小组发出通知，强调扩大内需必须防止重复建设，防止一哄而上，盲目铺摊子上项目。但是各地抢时间上项目的做法已经令人担忧。担忧之一是各地上报的项目在如此短的时间内制定的是否科学？对国有土地资源、对环境保护有无影响？是否经过本地区的严格论证？经没经过有关程序。担忧之二是国家发改委或各有批准权力的部门，在批复前有无严格的审查，有无严格的程序。有没有凭人情、靠关系，就确定下来的？去年，全国政协会上，山东济宁提出用国家巨资打造中华文化标志城的意见，当时就受到100多位政协委员的反对。但会后，听说山东济宁方面还要坚持干下去。那么在去年各地争取项目资金的活动中，是否山东这个项目也争取上了呢？从目前看到的材料和听到的消息，真让人担心。没有经过充分论证，或者说没有经过严格的程序审批就上报的项目，而且又能够被批准，将来谁来负责？虽然今后中央纪委、监察部、发改委表示要组织成监管小组到实地监管，但项目本身就不合理，那时的监管又管什么用？是否又是以错就错了呢？

所以，2009年1月7日，律师严义明向国家财政部和发改委分别递交了两份《政府信息公开申请书》，其中一份是申请发改委公开去年11月5日国家确定的4万亿元巨额投资计划的资金来源及其使用情况等。本人是非常同意的。“两会”召开前夕，国家发改委表示，如果对4万亿元投资项目有疑问，可以查询，这是一个回应群众有疑问的表态，但我认为这是一个比较被动的做法。

为此建议：

一、因为此次涉及如此巨大的投资和众多建设项目，既有国家级项目，也有许多地方建设项目，为了避免决策失误，国家遭受损失，为了对人民负责，应对所有基本确定的国家和地方重大项目，以及资金投入量，适时在适当的范围内进行公示，听取意见。

二、对如何进行公示，可以采取多种形式。例如，可以根据国家和地方项目内容，分类分层次，分别听取全国人大代表和全国政协委员，以及地方人大代表和政协委员的意见，以确保项目确定和投资方向的准确。

三、除中纪委、监察部、发改委组成专门力量对四万亿投资项目进行监督、审查外，也可以发挥各级人大代表、政协委员的力量，全程跟踪监督、检查。

四、一个法制化的政府必然有一套完善的制度设计来规范政府的决策、执行和监督行为，来保障社会的公平，保障国家发展总体目标的实现。要尽快为此次巨额公共支出的使用、监管建立一套相对有效的风险防范机制，以及一旦出现问题的法律追究制度。

2009年

关于加强对农民工进行职业技能培训的建议

去年11月15日杭州市地铁1号线湘湖站工段施工工地突然发生地面塌陷，从而发生了“中国修建史上最大的事故”。三天后，国家安监总局通报，在此次事故中暴露了承建企业和地方政府五个方面的问题。其中，在如此重大的基础设施建设中缺乏过硬的管理队伍和经过培训上岗的施工队伍是造成此次重大事故的两个原因。我们知道，这些年许多重大基础设施建设的工程项目都是通过竞标来实现承包的。然后又通过层层分包、转包才能完成开工建设，这好像已经成了建筑业内的规则了。在这个过程中，为了能得到承建项目，各承包商想尽办法，以最低标中标。以低价夺标后的这些资质企业，为节约成本，又不得不聘用毫无经验的却十分廉价的农民工。难怪，一位业内人士分析说：这样的惯例在大型工程，特别是基础建设中早已是公开的秘密。对这些刚上岗的民工有没有进行过系统、有针对性的培训呢？据有关媒体介绍，此次杭州地铁工程事故出来后，他们走访了20多位民工，得到的答复，所谓培训就是“要求戴安全帽”。

去年，为了刺激经济发展，国务院决定拿出4万亿元财政资金上项目，拉动内需，保增长，解决民生问题。一时，各地建设项目蜂拥而上。全国各省一下子要上那么多项目，考虑没考虑施工能力，包括技术人员和施工人员。如此多的项目上马，是可以拉动就业，拉动内需，但是技术熟练的，特别是专业技术熟练的工人，可不是一蹴而就的。上项目要科学，各项工程建设更要科学。否则，不可避免会出现豆腐渣工程，出现死人事件，出现腐败。

不容置疑，这些年，农民工已经成为我国经济建设、社会发展，特别是城市经济发展、基础建设中一支不可缺少的生力军。据有关方面统计，目前全国农民工数量已达1.3亿左右，也有说是1.5亿的。在有些城市，农民工已经占了最大比例：例如，深圳市的人口中80%是外来人口，而外来人口中80%就是农民工。他们把最好的青春年华，贡献给了国家经济建设事业，特别是城市的经济建设和社会发展。但是，也应该清楚地看到，目前这支庞大的农民工大军面对国家经济建设的迅速发展，出现了极大的不适应，主要是自身素质，特别是从事经济建设各项工作的知识和技能，急需通过培训，迅速提高。最近几年，许多地方政府已经意识到这个问题，并已经开始着手摸索对农民工的培训工作，并取得了一定的成效和经验。例如，深圳等地区。深圳的劳动力资源是丰富的，但是深圳的产业结构，对技术型工种的劳动力需求是大量的，而现实是，缺乏一技之长的农民工比重太大。为解决这个问题，深圳从2006年启动了“农民工技能提升培训行动计划”，计划5年内组织500万在深圳的农民工进行技能提升培训，每年100万。费用是政府给埋单。中央转移支付一笔钱，地方还要拿一部分。东莞随后也开始了培训农民工的行动。这些地区培训工作最大的特点是针对性强，不是一般的学习培训，而是根据地区经济发展的需要进行技能培训（包括电子、机械、家具、服装、玩具、餐饮及服务业）。而且不仅是从低到高的技能转型，还包括转变工种，转变行业的培训。同时还有激励机制。这样就真正给广大农民工就业提供了广阔的空间，不仅为农民工的自主创业打下了基础，也为新农村的建设培养了力量。当然，也有相反的例子，山东济南等地也是比较早开展农民工培训的，但是由于针对性不强，缺乏就业指导和明确的就业方向，时间短，也就根本没有解决农民工就业的问题。也有些地方把对农民工的培训任务交给用工企业，实践证明也有问题，实际上，企业对农民工的培训大部分是没有什么技术含量的，因为，企业担心培训后的农民工会流动走，或被其他企业挖走。所以许多企业也成立了工人夜校，但这种夜校更像是俱乐部，学习培训主要是形势、政策、纪律等方面教育，更主要是从稳定队伍，加强管理出发，避免农民工工余时出去惹事，这样的培训起不到真正的职业技术培训效果。

为此建议：

一、国家有关部门要根据我国经济建设发展的需要，认真总结这些年大批农民工进城务工，参加国家经济建设的经验，针对存在的问题，应该在近期制定出对广大农民工进行职业培训的制度。这个制度要求对各级政府应该有刚性的要求。

二、对农民工的技术培训必须要有非常强的针对性。必须要改变有些地方对农民工的培训，只满足于应付上级要求，做表面文章；或者做些“大路货”的培训，解决不了地区社会经济建设的需求。对于农民工的培训，可以以用工地区为主，由政府出面，劳动部门针对该地区的经济发展、基础建设需求，设置培训内容。

三、对农民工的职业技术培训，应该注意农民工自身的学历、文化程度，要进行分类分工种施教，要有一定的时间要求，时间不能太短。

四、也是最重要的，对农民工进行培训的资金来源，必须是国家财政和地方财政，而不是推向企业，更不能转嫁到农民工身上。应该把对农民工的职业技术培训作为政府的责任。当然，也可以政府、行业（企业）结合起来，针对本地区、本行业发展需要制定对农民工的技能培训。这样也就可以在一定程度上解决农民工的就业问题，也才能保持社会的稳定。

在当前经济增速出现下滑，就业问题凸显的时候，政府更应该利用这个时段，拿出专项资金，有计划地组织农民工培训工作，以缓解就业的社会压力，更主要是通过培训，不断提高农民工的自身素质和再就业的能力，也为我国经济形势摆脱困难后，继续发展提前做了人力方面的准备。

2009年

关于进一步统筹和加大农村整体劳动力素质教育，确保社会主义新农村建设和农业现代化目标实现的建议

春节前，为了给老人找一个保姆，接触了几个进城的女性农民工，在聊天的过程中知道她们的孩子，有的初高中没有毕业，有的初中毕业了，但都开始了打工生涯。问她们，“为什么不让孩子继续上学”，回答不是“没有钱”，就是“上了不还是找不到工作，一样的打工”。2009年自己曾就农民工的职业技术培训问题写过提案，也做过调研。调研过程中已经接触了农村两后生（即初中、高中毕业生）的继续教育问题，还接触了农村留守劳动力如何进一步提高农业科技含量和技术水平，发展高产、优质、高效、生态、安全农业等问题。看来随着农业现代化的推进和社会主义新农村建设的深入，农村整体劳动力素质的提高和转移就业等问题已伴随农村城镇化、农业现代化进程日益凸显。

去年，中共十七届五中全会通过的《中共中央关于制定国民经济和社会发展第十二个五年规划的建议》提出了“推进农业现代化，加快社会主义新农村建设”的要求，指出“在工业化、城镇化深入发展中同步推进农业现代化，是‘十二五’时期的一项重大任

务。”实际上，这也给农村劳动力整体素质的提高提出了更高的要求，而要提高农村劳动力素质，首要就是把农村劳动力教育问题解决。为此建议：

一、国家有关部门要把农村整体劳动力素质提高的教育问题进行统筹研究，协调好各有关部门。如：农村的初高中毕业生（双后生）的继续教育，属于国民教育范畴，是归教育部负责的；继续在农村参加生产的劳动力提高农业生产技能，需要进行现代农业科技教育，是归农业部、科技部负责；转移向第二、三产业的农村富余劳动力，需要职业技能培训，有的还要进行高级专业技术培训，目前又是归人力资源和社会保障部负责。不同层次的劳动力的培养教育如何根据社会主义新农村建设和农业现代化的需要统筹和衔接，这是需要认真研究的。建议上述有关部门应该组成联席会议，进行统筹研究，拿出有针对性的切实可行的具体方案。

二、凡有社会主义新农村建设任务和农业现代化任务的地区的各级政府，都应该根据国家“十二五”规划纲要，结合本地区的国民经济和社会发展的实际，制定出本地区社会主义新农村建设和实现农业现代化的规划，其中也要包括本地区在加强中小城市和小城镇发展建设的具体内容。并采用更好的宣传手段，让所在地广大农村家喻户晓。

三、广大农村各级基层组织要进一步加强对农民的建设社会主义新农村和农业现代化前景的深入教育。逐渐改变目前不少农民工，特别是新生代农民工认为只有进大城市才有发展、才是出路的不正确认识。不断提升对提高自身素质的要求，树立在国家“大力发展农村非农产业，壮大县域经济”过程中，实现就地就近转移就业，为建设自己的美好家园积极贡献力量。

四、有关部门要认真落实《政府工作报告》中关于“加大‘三农’投入，完善强农惠农政策。财政支出重点向农业农村倾斜”，“加大政策性金融对三农的支持力度”。让广大农民看到自己家乡在党的政策的关心和政府扶持下的发展前景，增强建设自己美好家园的信心。

2011年

关于政府要加强对农村基层文化建设的指导和财政扶持的建议

《中共中央关于制定国民经济和社会发展第十二个五年规划的建议》指出："以农村基层和中西部地区为重点，继续实施文化惠民工程，基本建成公共文化服务体系。""加强基层文化队伍建设。扶持公益性文化事业，加强文化遗产保护。"应该说，"十一五"期间，各级政府以农村基层和中西部地区为重点，在实施文化惠民工程方面做了大量的工作，取得了不小的成绩，但是，当我们深入到农村基层后，特别是西部边疆少数民族地区后，还是发现不少问题。

去年9月，在云南参加完陈奎元副主席率领的全国政协滇越铁路考察活动后，因有事留下，顺便深入到几个少数民族村寨走走、看看。石屏是一个文化底蕴比较深厚的县，当地的花腰舞、烟盒舞、海菜腔都是比较有名的少数民族民间非物质文化遗产。在县文化馆同志的陪同下，我们来到哨冲镇慕善村，是个彝族村寨，也是花腰舞的发祥地。

这个村在开展文化活动方面是有传统的，他们因地制宜自发地搞起了三个小型陈列馆，其中有反映20世纪五六十年代、70年代，开展村电影放映、群众文艺演出情况的；有反映当地彝族群众生产生活工具发展变化的，非常可贵的是许多已经绝迹的生产工具和生活用具，被他们保留了下来；还有一个是反映当地彝族花腰舞服饰传统制作情况的。看完展览，你会发自内心地产生一种敬意，而由衷地佩服。而更让人欣慰的是这个村党支部在花腰舞文化传承活动中始终发挥着主心骨的作用，这是了不起的。这些年，他们不仅在传承花腰舞民间文化方面做了大量工作，还有一支30多人的演出队，曾到苏州、漳州，还到香港、美国演出。在县里基层文化建设方面还是有一定影响的。但是在深入了解中也感到当地农民的难言之隐。

据这个村的老支部书记孙正尧和村长李朝恒介绍，可以归纳为以下几点：①他们这个村是个山区村寨，以农业为主，有少量的畜牧和种植业，经济发展缓慢，许多青壮年劳动力都要外出打工，而花腰舞传承活动的主力应该是年轻人，这就产生了矛盾，如何能让年轻劳动力留在村子里，成为难题。②也有一些年轻人愿意参加传承活动，但势必要影响生产，误工这部分补贴，从哪儿来？③这个村是个比较典型的彝族村寨，依山坡而建，很有特色，如何保护？如何在保护的前提下发展农村旅游和以花腰舞为主的农村文化产业，带动农民发家致富？感到缺乏深入细致的规划和实际的指导。甚至镇文化馆的同志也感到为难。④缺乏必要的财政扶持。前面所说的几个陈列馆都是村自筹搞起来的，甚至上级安排他们外出表演花腰舞也没有任何资助，所有的演出服装服饰全部是自己准备，外出费用也都是自筹的。从他们的言谈话语中可以感到，一方面他们想在农村基层文化建设方面做些工作，他们既有这方面的情感，也有一定的经验；可另一方面，他们又苦于经济困难，没钱事难办。

另外，他们还反映了一个问题，彝族的花腰歌舞属原生态的文化遗产，由于来源于生产生活实践的歌和舞是统一不可分割的，但是申遗时，有关部门却提出要把歌和舞分开申报，令他们感到可笑而不解，认为是不可以的。

我想，云南石屏县哨冲镇慕善村在农村基层文化建设方面反映的问题是有代表性的，也是真实地反映了目前我们在推动社会主义新农村建设和农村基层文化建设方面存在的问题的。为此建议：

一、既然党中央在关于制定“十二五”规划的建议中，已经明确要“以农村基层和中西部地区为重点”，发展和繁荣文化事业和文化产业。政府及有关文化部门就应该拿出相应的、具体的、有针对性的方案，特别对处于中西部的农村基层文化事业和文化产业建设，要给予具体的指导。

二、在农村基层文化事业建设中要力戒形式主义。要注意因地制宜，节约办事。去年11月，文化部在云南召开全国农村基层文化建设会议上，有关领导在讲话中提出要在每一个行政村建立文化站的要求。是否有这个必要？据我所知，早在2009年中央组织部与国家发改委、财政部曾就建设村级党组织活动场所发出通知，对资金的落实、规划制定、工程管理、配套建设等方面提出具体要求，其中明确要求“要把村级组织活动场所建设与农村基础设施建设、农村党员干部现代化远程教育接收站点建设，农村社区文化室、医务室、警务室等建设结合起来，按照一室多能、一室多用的原则，注重整合资源，加大功能整合，避免重复建设”。鉴于目前许多农村，特别是广大中西部、偏远山区农村经济不发达，群众生活还比较困难的地方，不一定对建立独立的文化室、站做统一的要求，还是从实际出发，避免形式主义。可以把农村基层文化活动场所的建设和农村基层党组织的活动场所建设结合在一起。

三、国家财政要对农村基层文化事业建设和文化产业前期的启动给予必要的投入和扶持。对属于少数民族民间文化遗产保护的重点基层村寨，应该加大扶持力度，以达到保护文化遗产的目的。

四、建议有关部门加强对少数民族民间文化遗产实际情况的调研，根据少数民族民间文化遗产的特殊性，做好申遗工作，既达到保护文化遗产的目的，又能够使宝贵的民间文化遗产得以完整地传承发展下去。

2011年

关于为确保农民工工资等合法权益必须立法的建议

从2003年总理亲自为重庆农民工熊德明讨薪到现在8年过去了，但拖欠农民工工资的现象不仅没有解决，似乎还有升级的趋向。尽管2010年初，国务院办公厅曾就拖欠农民工工资问题专门下发紧急通知。同时也提出了诸多措施，包括政府分级负责，属地管理，从运动式的行政专项检查，到寄望于长远的长效机制建设，留足应急垫付资金，建立突发事件应急预案，几乎无所不包。但一年多过后，问题依旧，试图解决这一顽疾的措施也依旧。以致去年底到今年初，农民工讨薪事件再次成为社会聚焦的热点。2011年10月，海城市49名农民工集体讨薪，尽管包工头已被批捕，但结果不得而知；2012年1月11日，《检察日报》披露了北京大兴区一个项目欠近千名农民工700万元工程款；2012年1月12日，《人民政协报》报道贵州六盘水市四川籍农民工谭勇为100多工友讨薪，在40米高的塔吊上苦守68天没有结果；中央电视台新闻联播走基层连续五天报道"杨立新讨薪记"虽有了结果，而杨立新趴在地上抱住劳务负责人的腿，以及有关部门相互扯皮、推诿的镜头，令人难受。1月14日，国家四部委联合下发通知，表示要严惩恶意欠薪行为。一方面说明政府的决心，但另一方面也反映了问题的严重性。全国总工会新闻发言人在去年底的新闻发布会上曾表示，受欧债、美债危机冲击及人民币升值等因素影响，部分以出口加工为主的劳动密集型中小企业面临融资难、成本上升、订单减少等问题，生产经营遇到困难，拖欠工资甚至欠薪逃匿现象有上升趋势。而在被拖欠工资的职工中，90%至95%是农民工。有数据表明，2011年，全国各级工会共受理劳动争议362万件，其中主要为拖欠工资。由此可见，拖欠民工工资严重状况可见一斑。据北京市朝阳法院劳动争议庭的统计，去年接收的2000件左右的农民工维权案，其中50%以上都是合同、保险、加班费等争议案件，比上一年增加了40%，而且此类案件还有快速递增的趋势。

尽管各地都在想方设法加大农民工工资支付保障力度，做了不少工作。甚至，根据去年出台的《刑法修正案（八）》，一些地方公安、检察等部门还查办了一批拒不支付劳动报酬罪案，为农民工追讨了19亿多元的工资。但从整体实际情况看，问题还是不少的。常规的以工会以及社会公益组织出面的讨薪维权机制，对恶意欠薪的企业、个人缺乏足够的约束力和震慑力，而走司法程序又较为烦琐，程序复杂、过程较长、成本较高的门槛，让很多农民工却步。同时存在着拖欠工资违法成本低、招工用工不规范导致追偿困难等问题。就是进入司法程序，民工胜诉后又往往会陷入“执行难”的局面。如果出现农民工因工资拖欠陷入困境，而采取过激方式讨薪，效果就更难如意。

所以，国家人力资源和社会保障部部长尹蔚民也表示，目前拖欠农民工工资问题尚未得到根治。

如何才能根治？有人提出，拖欠民工工资不仅是个道德问题，更是一个经济问题。与良心缺失有关，更与管理不善有关。从根本上说，拖欠农民工工资问题之所以成为顽疾，是制度缺失导致农民工权益无法得到保障。虽说期盼资方对农民工良心“发现”的动机是可以理解的，但良心不会与生俱来，唯有从制度上增大随意损害农民工利益的风险，才能约束用工方拖欠民工工资的冲动。拖欠民工工资不仅关乎着企业的良心，还拷问着官员的责任担当，拷问着全社会的法治意识，而这些指望用工方良心发现和道德自律显然是不切实际的。毕竟，制度不给力，相关部门不给力，就算是良心的谴责再给力也是白搭。也有人认为，要想彻底走出年关讨薪怪圈，关键还要加强制度建设。

综上所述，我认为从这些年的实践看，为确保农民工工资和有关合法权益，建议由人力资源和社会保障部牵头，有关部门参加，尽快制订《农民工工资及有关合法权益保障法》，经全国人大审议通过实施。一句话，涉及农民工工资及有关合法权益的保障，已经到了必须立法的时候了。

该《保障法》应该包含以下内容：

一、该法应该对涉及农民工签订劳动合同、解除劳动合同、三险一金、工资以及工伤、失业后的合法权益有明确的说明和要求。

二、该法应该包括对农民工提供劳动行业的要求、教育、管理和监督，农民工提供劳动的行业以建筑、餐饮行业最多，另外还涉及制造、运输、销售等行业，辐射面较广，其中个体企业、私营企业等非公有制企业居多，当然也有公有制单位用人的。要通过有关法律的制订、宣传、教育，使这些企业单位及其负责人明晰他们在招工、用工和确保农民工工资、三险一金等合法权益方面的责任。

三、该《保障法》应该进一步明确用工企业通过项目发包或雇佣包工头招收农民工全过程的连带责任。

四、要通过立法简化劳动争议处理程序，确定简单明晰的劳动关系认定标准。同时要切实落实国家的法律援助制度。减免农民工维权所需的各种费用外，还要加强劳务输入地与输出地相关政府部门之间的联系，通过接触沟通，力争达成合作协议，最大限度保护农民工合法权益。

五、针对农民工法律意识欠缺和对维权途径了解不够等现象，要加强对农民工学习法律，运用法律的宣传和教育，要使农民工勇于主动地拿起法律这个武器维护自身应得的权益。让那些漠视农民工劳动权益的企业和个人付出更大的代价。

六、该法应该包括对那些借口种种原因，欠薪、逃薪的企业和个人予以行政处罚、暂停其开展任何经营的资格、不予审批新项目等处罚，严重者可以冻结其银行账户、吊销其营业执照，甚至批捕判刑的内容。同时要对《刑法修正案（八）》中涉及拖欠农民工工资等内容有相应的更加详细的司法解释，以保障刑法这一规定的统一正确实施。

2012年

关于对处于地质灾害危险区的居民点实施主动搬迁的建议

——从甘肃舟曲县遭遇特大泥石流灾害所想到的

舟曲县遭遇特大泥石流的当天，中央电视台在采访国土资源部地质灾害研究中心专家时，专家介绍，舟曲这个地区，几年前国土资源部地质灾害研究中心就已经把它定为地质灾害危险区。后来，国土资源部徐绍史部长在一个会议上也说“舟曲是全国滑坡、泥石流、地震三大地质灾害多发区。舟曲一带是秦岭西部的褶皱带，山体分化、破碎严重，大部分属于是炭灰夹杂的土质，非常容易形成地质灾害”，而且又说“舟曲是5·12地震的重灾区之一”。从上述介绍来看，实际上我们有关部门对舟曲这个地方的地质情况还是比较了解的。从徐绍史部长的介绍看，我们有关部门实际上对地质灾害危险区也是有监控的，但今年国内发生的地质灾害有1/3是监控点以外发生的。

这里就提出一个问题，对处于地质灾害危险区的地方仅仅实施监控能避免灾害发生吗？为什么不可以提前采取保护性搬迁，主动避让灾害，减少损失呢？非得要等灾害发生，无疑是等于坐以待毙。为此建议：

一、建议国务院做出决定，要求国土资源系统迅速对各省区市范围内的地质灾害易发区进行调研、排查，设定级别；特别对于有居民聚居的地质灾害易发区做认真调查，制定防灾减灾措施，对确属地质灾害危险区的应该实事求是地提出搬迁居民建议方案。国家财政应该设立地质灾害危险区聚居居民搬迁专项资金。

二、加大对地质灾害易发区的监控力度。同时应该有应付出现地质灾害前兆的各种预案。

三、对处于地质灾害易发区内的风景旅游区，对一些有可能出现灾害的地段，要设立明显的标志或警示牌，以及一旦出现问题后的急救措施，包括报警电话等。

四、对已经处于地质灾害易发区或者地震区的居民房重建问题，一定要做充分的论证和对群众的说服工作，尽量不要在地质灾害易发区内重建居民房。汶川地震后，在重建过程中就发现有的居民房仍然建在山坡上、河道边，十分不安全。地震后重建地区的各级政府要认真做好排查和思想教育说服工作。

2011年

关于政府要加大对社会养老事业的刚性政策要求和财政扶持力度的建议

第六次全国人口普查数据显示，截至2010年11月1日我国60岁及以上人口超1.77亿，占总人口13.26%，比2000年人口普查上升2.93%，居全球之首；65岁及以上人口占8.8%，比2000年上升1.91%。预计2015年我国60岁以上老年人口将达到2.16亿，其中80岁以上高龄老人将达到2400万。又据去年9月颁布的《中国老龄事业发展十二五规划》显示，2011年到2015年，全国60岁以上老年人将由1.78亿增加到2.21亿，平均每年增加老年人860万；严峻的社会现实表明，中国正在老龄化的道路上加速前进。据“国家应对人口老龄化战略研究”课题组预测，2025年达到3亿，到2042年，老年人口比例将超过30%。据说，发达国家是“先富后老”，人均GDP达到1万美元的时候才进入老龄社会。我们现在是“未富先老”，GDP人均才4000美元。不管这种情况是否属实，但有一个不争的事实，那就是中国的养老问题已经不是一个家庭的问题，而成为一个社会问题。2006年，国家曾提出养老基本方针：“以家庭养老为基础、社区养老为依托、机构养老为补充；90%的老年人在社会化服务协助下通过家庭照顾养老，7%的老年人通过社区照顾养老，3%的老人通过入驻养老机构集中养老。”然而，由于“421”新型家庭结构已逐渐成为中国家庭新的主流，它让传统居家养老难以为继。社会压力的不断增大、年青一代人群自我意识的加强、对孩子投资成本的加大等已使新一代的人群无暇顾及家中老人，与父母分开居住的新生活观念不断加大社会空巢率。如今，传统的居家养老模式已很难再适应社会发展需求，养儿防老的传统观念开始逐渐被颠覆。

与此同时，由于社会转型、政府职能转变、家庭养老功能弱化，养老产业发展严重滞后，难以满足庞大老年人群，特别是迅速增长的“空巢”、高龄和带病老年人的养老需求。以养老机构和床数为例，有资料显示，目前中国共有各类老年社会福利机构38万个，平均每千名老人占有床位仅有86张，与发达国家的水平相差甚远。有统计认为目前全国需要养老护理员1000万人，但实际上，现在持证在岗的养老护理员只有3万多人。在岗养老护理员工，多是40、50后人员、下岗职工或进城务工人员，素质不高；同时，工资低、工作累、社会地位低也极大阻碍了他们参加养老技能培训的积极性。正因为如此，其他生活照料、康复护理、精神慰藉等许多养老服务等问题，更不可能满足老年人群日益增长的需求。尽管国务院颁布的专项规划，计划在今后5年内，增加日间照料床位和机构养老床位340余万张，实现养老床位总数翻一番。估计这个计划也赶不上城市老龄化的进程，满足不了社会养老的需求。

我国内地养老方式是“子女养老”、“亲情养老”，传统观念根深蒂固，老人在精神和物质上普遍依靠子女，但现代社会节奏快，日益沉重的经济负担使子女养老力不从心。海外更多的是“政府养老”、“社会化养老”。例如：日本的养老制度很健全，也很人性。特别重视对老人的心理养护和教育培训，甚至有的养老院和幼儿园对接共建，并且对有保险且符合条件的老人几乎“全免费”。澳大利亚的养老是政府的事情，有三种方式：一是送养老院护理，费用由政府和保险来承担；二是自己人护理，政府会把护理费当工资那样发到你的家人手里，不过对你的护理要进行认可才行；三是有专业的护理机构到你的家里来护理，费用由政府支付，支付方式需要你的监督。香港十几年前，就采用政府出资买服务，社会团体出力照顾弱势群体。香港政府是政府出资，社会慈善机构出力建立各种形式的养老机构，负责照顾弱势群体。香港的社区有的有老人日托所。养老院和日托所中经常有义工来服务。发达国家的社会养老模式是否可以借鉴呢?

2011年12月16日，国务院办公厅下发了《社会养老服务体系建设规划（2011—2015年）》，对今后五年的社会养老问题制定了规划，提出了目标，体现了国家对社会养老问题的关注。但是如何使国家的政策真正落到实处，还是有一定困难的。这几年为了家中老人的养老问题考察了京津，以及周边一些地区的养老机构，甚至一些农村的养老机构，感到问题还是很多的。尽管国家对社会养老机构在土地、税收、用水、用电等方面出台了一些优惠扶持政策，但由于有些地区认识不到位，管理不到位，加上一些政策措施刚性不够，许多政策落实困难。建议如下：

一、建议有关部门对全国城镇和乡村目前存在的各类养老机构分别做一全面详细的调查，包括机构属性、资金来源、护理人员情况、收住护理对象和护理内容以及管理、运营等情况。在此基础上，制订统一的严格的符合中国国情的养老机构准入标准，可以根据养老机构的功能的不同，确定级别和收费标准。各类养老机构收费标准应该是统一的。改变目前养老机构五花八门、参差不齐、乱象丛生、收费混乱的局面。

二、加强对养老机构护理人员的正规化培训，要有明确的政策措施和鼓励机制。养老机构的护理人员与医院的护士还是有很大区别的，要有对老年人的心理、老年性疾病和正确护理方式方法等方面知识的专业培训。北京市已明确表示由政府埋单，为在北京做养老护理员的农民工开展免费职业技能培训和鉴定的方法是可取的。而且建议医学院校的医护专业或中等专业职业学校也应开设这类课程，甚至可以设立养老护理专业的职称？逐渐建设起一支比较稳定的养老护理专业队伍。改变目前随便招个民工就可以干、人员不稳定、工资不高、也干不好的局面。

三、国家有关部门要加强对养老机构建设的指导、监督和管理，要实现民办养老机构与公办养老机构同等待遇。要积极制定相关政策，鼓励民间资金进入养老服务业。政府要全力支持和资助养老机构的建立，并对养老机构的建设、管理、护理、饮食、医疗救助给予全面指导和督察。养老机构绝不能成为赢利的机构，也不能成为简单的摆设。要真正落实社会养老服务五年规划，必须要加强对整个工作的监督和推动。

四、在积极推动公办和民办养老机构建立的同时，应该逐渐启动政府养老的试点。从目前有关部门更多地是提倡“居家养老”“社区养老”还有提出“虚拟养老院”等，但这些都是老人还处于能够自理的阶段，而一旦老人不能自理，上述养老方式都会出现问题。因此政府有关部门应该考虑“全托”的养老方式，而这样的养老方式，从目前看费用是相当可观的，许多家庭是难以承受的。新中国成立60多年了，无数老人为国家建设工作了一辈子，退休工资并不很高，晚年又不想给子女添麻烦，想进入养老院，但目前的费用让他们望而却步。这些老人也是纳税人，政府有责任承担起让他们安度晚年的责任，让“老有所养”真正落到实处。当然，这也是一个比较复杂的事情，需要统筹考虑，但政府针对中国社会发展的实际情况，应该进入“政府养老”的试点阶段了。

这些年国家发展了，强大了，富裕了，应该在解决老百姓民生问题上加大财政投入，少搞一些形式主义的东西，少做表面文章，把涉及民生的大问题扎扎实实地做好，一定会赢得老百姓的拥护的。

2012年

再谈大运河“申遗”必须坚持保护是第一位的思想

——从易北河谷被世界遗产除名所想到的

今年举行的第33届世界遗产大会，决定将德国的易北河谷从世界遗产名录中除名，原因是当地在河谷上修建了一座大桥。众所周知，易北河谷是德国德累斯顿易北河流域的一部分，是一个长18公里的沿易北河地带，宽度在500米至3公里之间，总面积19.3平方公里。该地区集地理及人文景观于一身，其宫殿建筑艺术是巴洛克风格建筑艺术与19世纪平民建筑的完美结合，堪称德国宫殿艺术的代表。这里由古老的牧场、宫殿、纪念碑、公园，以及19世纪和20世纪郊区的具有自然风光的别墅和花园组成。至今，河谷边的一些沿着河倾斜的梯田仍然被用于葡萄种植，一些古老的村庄仍然保留着工业革命时期的建筑和自然风光，特别是长147米的钢桥（1891—1893年）、空中铁路（1898—1901年）、古老的渡船（1879年）、1900年的造船厂至今仍在用。

这样一个古老而美丽的地方，2004年被列入《世界遗产名录》，可2006年当地政府为了缓解交通，计划在河谷中心地带修建一座桥梁，是长635米、四车道宽的跨河大桥。当时，世界遗产委员会坚决反对，当年将其列入《濒危世界遗产名录》，以此警告，并建议修一个地下通道来替代地面桥梁，德国联邦政府也承诺提供援助资金，但当地政府没有接受，于2007年开工修建大桥。今年6月25日，世界遗产委员会在西班牙塞维利亚开会，做出了把易北河谷从世界遗产名录中除名的决定。

由此想到这些年我们国家的“申遗”活动，想到在大运河“申遗”调研中发现的问题。大运河申遗工作已经有3年的时间了，几年来，大运河沿线各地政府和有关部门对此做了大量的工作，其中包括对大运河沿线历史文化遗迹（包括物质文化遗产和非物质文化遗产）的保护和利用。从今年开始，沿大运河各省市正在根据这几年调研的情况，紧锣密鼓地开展编制各有关地区保护大运河的规划，评估运河重要节点河段，确定申遗范围，并进一步完善保护管理立法工作。在此基础上，拟3—4年内逐步完成大运河沿线各省以及大运河整体的保护规划编制工作。在2013年6月完成遗产点本体保护、环境整治、档案建设等一系列工作。目前几乎所有媒体都在进行宣传，要争取2014年大运河申遗成功。

当然，在我们看到大运河申遗工作按部就班进行，各有关地区积极性又是如此高涨的时候，既感到高兴，也有着深深的忧虑：去年，在几次考察大运河的过程中，我们看到在如何做好大运河保护和利用工作这个问题上，大运河沿线有不少城市在基础设施、生态环境、文化遗迹建设等方面，并没有真正遵循保护大运河原真性为第一位的思想。正如《人民日报》前两年在一则报道中说的那样，伴随城市建设和工业现代化建设，许多地方当年“古桥纵横、河埠林立、古屋比邻、商铺连绵、巷弄穿错的运河风光”早已经消失。情况确实如此，在湖州，随着工业化和城市化步伐加快，与运河相伴的文物，如驳岸河埠、传统民居、巷弄河道都不同程度地受到破坏。历史上曾经与新市几乎同等发达的工商古镇练市、善琏，遗留下来的老街、老宅、老桥已所剩无几。即便是新市，原有72座古桥也只剩下12座。而与运河相关的地方戏曲、民间传说、民俗民风等地方文化由于多方面的原因大量失传和消亡。由于受城市化建设、航运业发展等因素影响，大运河及众多分支河道不断拓宽，老河道、旧驳岸日渐式微，同时河道淤塞、水体污染等都对大运河生态环境产生了不良影响（湖州市人民政府《关于大运河保护与申遗工作情况的汇报》，2008年6月25日）。有的地区在“加强运河航道的建设与管理，实现保护与发展的并举”思想的指导下，甚至对本地区的运河段进行了改造性工程建设：疏浚航道和桥梁改造，还建设了船闸等标志性建筑以及多个泊位工程（宁波市文广新闻出版局《关于杭甬运河宁波段保护与建设情况汇报》，2008年6月23日）。从发展地区经济上，这些地区这样做，无疑是有理由的，但这不是保护大运河，而是打着保护的旗号，是一种“建设性”破坏。在这种“建设性”破坏中，这些地区遗存的大运河的原真性已经不复存在了。据有关媒体反映，有的地区运河两岸更是造起了高高的水泥墙；有的高楼林立、地产业兴旺；有的还“打造”了不少假文化古迹和文化广场等设施，美其名曰文化景观。有记者在2008年对10多个大运河申遗城市的调研中，发现沿岸许多城市大规模拆除、翻修、无根据仿建现象严重。正是在这种发展地区经济利益的驱动下，大运河的有些地段已经体现不出历史文化遗产的价值了。有些专家不无担心地指出“大运河正在成为失去故事的河流”。可以说，如何保护大运河历史和文化价值的整体性和原真性已经成为此次申遗能否成功，以及成功后不被除名的最大挑战，从这点来说，我们担忧又不是没有道理的。

去年，在淮安召开的大运河申遗工作研讨会上，笔者以“大运河申遗必须坚持保护是第一位的思想”为题对大运河申遗工作提出几点建议：一、进一步加大对我国世界文化遗产保护工作的宣传力度；二、加大对世界文化遗产保护的立法工作，制定保护大运河遗存原真性的刚性制度要求；三、尽快制定一个既有利于大运河现有遗存保护，又有利于地方经济发展、改善民生的切实可行的保护规划。

鉴于目前各地已经或者正在编制大运河保护规划，下一步还要编制大运河整体保护规划，我认为坚持保护为第一位的思想就更为重要，为此还想提几点建议：

一、各地编制的保护规划一定要突出对大运河历史文化遗迹原真性保护的力度。据有关资料介绍，近年来，我国的世界文化遗产保护事业发展迅速，被列入《世界文化遗产名录》的遗产地数量位居世界前列。然而，由于在不同程度上存在“重利用，轻保护”的错误倾向和管理体制不顺等原因，《保护世界文化和自然遗产公约》的有关原则和要求没有得到应有的重视，有不少世界文化遗产地已经在不同程度上受到破坏，在国际上对我国政府和文化遗产保护事业的形象造成不利影响。为此，国家文物局等有关部门应该通过各种渠道，加大在大运河申遗过程中关于保护世界文化遗产理念的宣传力度，特别对大运河现有遗存，要求大运河沿线各级政府在编制的本河段保护规划必须把保护大运河遗存的原真性放在第一位。树立保护好其原真性就是最好的利用的理念。

过去年月里已经在“建设性”破坏中丧失掉的已经无法挽回，因为我们不可能把已经建成的东西炸掉，再恢复原貌。既然是物质文化遗产，就不可能被再生产、再制造，一旦破坏就无法挽回。正如文物考古专家刘庆柱先生说的，成为永远的遗憾。因此，对大运河申遗来说，关键是目前还遗存的、而且破坏不是很严重的运河段如何受到应有的保护。在保护规划中切忌有打造运河文化的做法。

《保护世界文化和自然遗产公约》规定，世界文化遗产地对整个国际社会具有突出的普遍价值，遗产地所在国家应当竭尽全力加以保护并留传后代。既然大运河已经列入《中国世界文化遗产预备名单》，申遗工作已经启动，保护规划已经编制，就必须按照《保护世界文化和自然遗产公约》的要求，认认真真地下决心、下气力做好大运河的保护工作。

二、从编制保护规划初始，就要强调保护工作的落实和督察工作的到位。这些年我们关于保护环境、保护生态、保护文化遗产的法令性的文件制定了不少，每有一事，就论一事，结果文件、规定越发越多，也就越来越无效，既约束不了自己，也约束不了别人，成了表面文章。所以，此次关于大运河保护规划编制出来，正式通过后，关键也是在落实上做文章、下功夫。同时，对落实的督促检查工作也要紧紧跟上，规划中要有明确的办法。

三、全国政协文史委员会前些年为大运河申遗的宣传、保护工作做了大量的调研和推动工作，产生了很好的影响，建议在下一步推动和监督大运河沿线各城市在切实落实保护工作规划，取得实质性成效方面继续开展有关工作，发挥作用，成为一支重要的监督力量。

总之，德国易北河谷从世界遗产名录中被除名的不光彩事情，应该成为我们大运河申遗工作的警钟，引起我们的足够重视。

2009年

关于尽快恢复天津吉鸿昌故居纪念英烈、宣传教育后人功能的建议

去年11月24日是著名的抗日民族英雄吉鸿昌将军就义75周年的日子。我应邀到河南扶沟县参加了河南省委召开的吉鸿昌将军纪念馆开馆仪式，很受教育，也倍受感动。活动中见到了从天津专程赶过来参加开馆仪式的吉鸿昌将军的女儿吉瑞芝同志，顺便问起了天津吉鸿昌故居目前的现状，吉瑞芝同志摇摇头，面带一言难尽之色。后来我抽空到天津吉鸿昌故居（也称红楼）访看了一下，现状令人感到不安：外面墙壁上镶嵌着“吉鸿昌故居”的小楼空空如野，内部破旧，有些门窗摇摇欲坠，呈闲置状态。从一个看门人处了解到，该楼已被一个企业买下了，具体做什么用，还不清楚。为此感到很担忧。

众所周知，著名的抗日民族英雄吉鸿昌是河南人，早年就开始了戎马生涯，他为人正直，不畏权势。北伐期间就与共产党人接触，接受革命思想。1930年所部虽为蒋介石收编，但作为军长的他不愿为蒋打内战，并在“围剿”鄂豫皖苏区时，把大量武器送给红军。后被蒋解除兵权，强令出国“考察”。九一八事变后，吉鸿昌

满怀爱国激情，积极宣传抗日救国，反对蒋介石的不抵抗政策。1932年加入中国共产党。1933年与冯玉祥等组建察哈尔民众抗日同盟军，抗击日军。1934年在天津继续从事革命活动，同年11月9日遭军统特务行刺，受伤后被捕，24日在北平英勇就义，时年39岁。据有关资料反映，吉鸿昌为安置家眷，于1930年在天津位于法租界法国花园南边，购买了一座带庭院的小洋楼，因为外墙是红砖砌成，故称红楼。

这座小楼占地1.45亩，原有房间11间，过堂两间，院内有平房两间，总建筑面积1408平方米。实际上，这座小楼后来既是吉鸿昌将军的居所，也是我们党在天津开展抗日民族统一战线活动的秘密据点和重要的地下活动基地，在这里成立了中国人民反法西斯大同盟组织，秘密印刷了《民族战旗》抗日刊物，召开了各地反蒋抗日力量的会议。有许多重要的共产党人在这里过往。为了开展地下工作的需要，当年吉鸿昌曾精心对小楼内部结构进行过改造，为的是来人出入方便，又互相不见面，将二楼客厅原有的3个门，改为7个门。楼内房间是间间相连，门门相通，每层楼还都有间密室，以应付紧急情况。三楼设有秘密印刷室。为了走路没有声音，楼道和楼梯全都铺了地毯。据了解，虽然几十年过去，但目前这座小楼内部的房间结构基本没有什么改变。吉鸿昌就义后，夫人胡红霞为筹办丧事将红楼以低价押给他人。以后，吉鸿昌夫人和孩子就再也没有回过红楼。据说，20世纪60年代困难时期，周恩来和邓颖超来天津曾看望过吉鸿昌将军的夫人，也曾和胡红霞谈过关于搬回红楼的事情，但胡红霞表示不愿意回去。后来这座小楼被多个部门使用，20世纪80年代以来最长的时间是被用于医院。1982年7月，天津市人民政府正式公布红楼为市级文物保护单位。1984年9月和平区的青少年敬捐了刻有“吉鸿昌故居”的汉白玉横匾，镶嵌在红楼北侧外墙上。1995年11月，天津和平区委、区政府在红楼前的中心公园内又建起一尊吉鸿昌持刀骑马的青铜雕像。而北面不远，又是吉鸿昌当年秘密开会，遭特务行刺受伤的国民饭店（当年吉鸿昌将军开会被刺的房间也已经挂牌）。应该说，以红楼为主已经形成了一个非常好的爱国主义教育环境。但是遗憾的是，这么一个好的教育环境，没有很好地利用起来。据了解，这些年很多到天津旅游的外地人，走到这里都想瞻仰这位著名的抗日民族英雄，了解英雄的事迹。可现状使不少人扫兴而去。看到故居内的景象，有不少人对此提出意见。现在，又听说收购红楼的企业，可能要把该楼改造成一个休闲、娱乐的场所，或者什么茶馆之类的地方。我认为此事，天津市政府有关部门应该予以制止，并抓紧恢复吉鸿昌将军故居的宣传爱国主义，教育后人的功能。

为此建议：

一、天津市政府有关部门应该尽快调查了解吉鸿昌故居被收购后的用途走向，制止将故居搞成商业性质的休闲娱乐场所，并将故居按照历史的原貌保护起来。

二、这些年，天津的党史部门、文史部门、历史博物馆、烈士陵园等单位收集了大量关于吉鸿昌将军的资料和文物，吉鸿昌将军的女儿还保存有不少资料，特别是许多党和国家领导人给吉鸿昌将军的题词，应该请有关部门牵头，把这些珍贵的丰富的资料和文物集中起来，用在吉鸿昌故居纪念馆的建设上，应该说是非常有利的。否则，这些文物和资料分散保管，最终不利用也是非常可惜的。

三、关于开展革命传统教育和爱国主义教育，以及保护好革命遗址遗迹，充分发挥资政育人教育的重大意义就不再赘述了，中央领导同志这些年在许多场合下都讲了许多重要的意见，而现实社会建设也需要我们在这方面做许多扎扎实实的工作。天津不仅是近现代重要的工商业城市、历史文化名城，而且在党的历史和近现代革命斗争史上也有重要的地位。应该做更多的工作。

2010年

关于对云南昆明市袁嘉谷先生故居应该加强保护，并发挥其教育功能的建议

前年，随全国政协到云南考察滇越铁路，一路深切感受到云南浓厚的文化气息，这里既有少数民族文化，也有中国的传统文化，特别是了解到在如此边远的少数民族地区，清末时期还出了一个著名的经济特科状元袁嘉谷先生，而且是云南历史上唯一的状元，已经是云南家喻户晓的历史文化名人，并为云南人之骄傲。巧的是考察团要路经状元的故乡红河州石屏县，难得的机会，我们参观了袁嘉谷先生的故居，保存得很好，体会到当地政府对文化名人故居保护的力度和取得的成效。也促使自己回京后看了不少这位老先生的书，很受感动，也很受教育。当时，不知道省会昆明也有袁嘉谷先生的故居。去年，到昆明开会，偶然的机会得知翠湖边上、云南大学附近也有袁嘉谷先生的故居，便抽空跑了一趟，自己是乘兴而去，闹心而归。没有想到，一座值得纪念值得观赏品味的袁嘉谷先生故居，已经成了行酒划拳的饭馆。

为什么好好的历史文化名人故居被商业化到如此地步？出于职责，做了一些调查。据有关资料介绍，辛亥革命后，袁嘉谷先

生从浙江辞官回到云南，想定居昆明，无奈为官期间两袖清风，于是在亲朋好友，包括自己的学生出资帮助下，才于1919年在玉龙堆（今翠湖北路云南大学正门斜对面）开建自己的住宅，1920年入住，直到1937年底病逝。袁嘉谷先生在此居住期间，曾先后任国会议员、省参议员、云南盐运使、省政府高等顾问等职，为云南的经济社会发展做出了贡献。他还受聘于云南大学，从教15年，对云南的文化教育事业投入了毕生的心血。据有关资料介绍，袁嘉谷先生对自己亲手主持建造的这所三层住宅楼非常喜欢，为新楼取名为“颐寿”。还亲手书写大门联：“居临翠海新门第；派衍龙湖旧世家。”底楼厅房为大书房，悬联“全家班马学，合父子叔侄兄弟，珠露盈盘；遍室玑玲书，统天下古今中外，琅环满架。”正屋二楼为其住房，书联为“高名百尺楼；素至万间厦。”住宅楼东面还辟有小花园，起名“澍园”，园内建有“课经亭”。可见袁嘉谷先生对自己家园的喜爱。也正是在这里居住期间，袁嘉谷先生得以研究国学，著书立说，留下了诸多史、经、政、文、诗等篇章。晚年，得知日本帝国主义要侵吞中国，表现出强烈的爱国忧国之情，还抱病起草了《责倭寇》文，可惜，未完稿而逝。据了解，该故居在民主革命时期还曾掩护过我们党的地下工作者。

新中国成立后，袁嘉谷先生的儿子为了支持父亲曾多年义务教书的云南大学的发展，将此房捐给了云南大学。据说，该袁嘉谷故居曾被昆明市文物管理部门公布为市重点文物保护单位，重点保护民居。据了解，云南大学一度将该故居先后用作教职工宿舍和学生宿舍。改革开放后，故居的花园又被租出去开了一间餐馆，故居四合院的一楼也被拆了后墙，开了几家小饭馆，故居正房也变成了餐馆工人的住房，甚至是仓库。当时，这件事曾引起社会上的关注和议论。

据了解，2005年，当时云南大学由于缺乏维修故居的资金，采取向社会招标，中标者可在维修完成后租用故居五年。后来，学校又根据中标单位要求，在故居后花园中仿照故居老房子建了一栋钢筋水泥的楼房，这样，故居较为经典的小花园就全被占用。当然，故居老房子也部分失去内部原貌，挂起了“嘉宴食府”的牌子。这样，这座云南唯一状元、国学大师袁嘉谷先生的故居被彻底改造成了一些老板挂着历史文化名人招牌，招揽赚钱的饭馆。而失掉了历史文化名人故居所内含的精神、文化和社会历史价值，令人惋惜。据说，后来昆明不少有识之士纷纷表示了不满，一些单位和袁嘉谷先生后人也提出意见，新闻媒体也做了报道。可不知为什么不仅没有任何解决的动向，曾是市级文物保护单位的故居反而变成了五华区区级文物保护单位，这一切都令人非常不解。

最近，北京市对梁思成林徽因故居被一些部门以保护为名而毁坏的讨论，引起人们对历史文化名人故居如何保护的深入思考，同时也对玷污、破坏名人故居的行为表达了必须依法严惩的态度。那么，云南省政府有关部门是否也应该对本省历史上唯一的状元公、著名的国学大师，对云南的社会经济发展、文化教育发展有过重大贡献的袁嘉谷先生故居的保护状况做一深入调查和反思，并使保护措施更加到位呢？

党的十七届六中全会尖锐指出了“一些地方和单位对文化建设

重要性、必要性、紧迫性认识不够”的现象，明确指出“优秀传统文化凝聚着中华民族自强不息的精神追求和历久弥新的精神财富，是发展社会主义先进文化的深厚基础，是建设中华民族共有精神家园的重要支撑”。并要求“加强对优秀传统文化思想价值的挖掘和阐发，维护民族文化基本元素，使优秀传统文化成为新时代鼓舞人民前进的精神力量”。而袁嘉谷故居就承载着上述所说的精神和文化内涵。

为此建议：

一、建议云南省有关部门组织昆明市文物部门对袁嘉谷故居的保护利用情况，特别是损坏情况做一详细调查，并对相关责任单位和负责人提出问责，给予教育。目前故居内的餐饮经营应该立即取消，饭馆应该尽快搬出故居所在地，如果确实有严重破坏行为，应该根据《文物保护法》依法处理。

二、在调查的基础上，组织城建、文化、文保等单位的专家学者，故居产权单位以及袁嘉谷的后人，通过认真研讨，制定出故居修复和今后加强保护利用的规划。

三、修复后的故居应该保持原有的云南民居建筑风貌，并应该开辟有关袁嘉谷先生生平事迹展览的陈列，使故居成为广大人民，特别是青少年缅怀先人，进行爱国主义和传统文化教育的场所，恢复其应该具有的教育功能。同时也可以进一步提升当地旅游文化的内涵。

2012年

关于进一步加强对少数民族地区县处级以下各级基层干部培养、教育和严格管理的建议

这两年西藏、新疆等少数民族地区先后出现暴乱犯罪事件，从事件的本质上看，这两起事件都与境外敌对势力的分裂破坏活动分不开。事件出现后，中央和地方政府都及时采取了有效手段，震慑了罪犯，稳定了社会，教育了群众。这些做法无疑都是正确的，也是必须要给予肯定的。但是，边疆少数民族地区连续出现性质相同的问题。除了由于境外敌对势力的捣乱破坏外，是否也与我们在少数民族地区基层组织建设工作不到位，特别是对县处级以下各级干部在培养、教育和管理上也存在薄弱环节有关呢？这里，本人根据了解到的一些情况，提出一些不成熟的看法和建议，供有关部门研究参考。

少数民族地区各级基层干部越来越年轻化，工作很努力，但对我们党几十年形成的民族宗教工作好的传统、做法和经验缺乏深入的学习和继承，特别缺乏应对各种复杂局面的能力。面对改革开放以来的多元思想文化的影响，有时分不清哪些是民族地区在开展工作方面应该坚持的，哪些是错误的。加上有些经济政策没有很好

地与当地实际情况结合，贯彻执行失当，影响了少数民族地区各族群众的生产生活发展，引起当地群众的不满。而不少直接面对广大老百姓的县处级以下（含县处级）基层干部思想、作风上存在的问题就更值得注意。据了解，参与乌鲁木齐暴乱的一些南疆少数民族青年，其中不少是没有工作，在社会上晃荡，没有人关心、帮助他们解决问题，还能不被一小撮别有用心的人所利用？如果少数民族地区的各级党组织和基层干部都能做到中央《关于进一步从严管理干部的意见》所要求的那样“以身作则，一级带一级、一级抓一级”，我想境外敌对势力也是很难有空子可钻的。这两年，因工作关系，我曾到云南省迪庆藏族自治州去做调研，有一件事引起深思，在境外达赖喇嘛集团的骨干分子中有一大半是从迪庆出去的，多年来，迪庆藏区成为境外敌对势力企图突破的地区。但是，在拉萨“3·14”事件后，当其他藏区都有不稳定现象出现时，迪庆的藏区却是稳定的，以至当一些人以“境外记者”名义要求深入居户调访，而当地基层干部又没有跟随的情况下，都没有捞到任何可做文章的材料，甚至临走时表示不再来了。为什么迪庆能做到如此，据州委书记齐扎拉介绍，主要是各级干部头脑清醒，除努力抓地方经济发展，能很好地落实党的民族宗教政策，处处为老百姓着想，有了问题，各级干部敢于负责，面对面做工作，而且许多活佛也去做工作，从而赢得了藏区广大各族群众的信任，确保了整个地区的社会稳定。当然，在和他的交谈中，也深切感受到这位少数民族基层领导干部对民族地区基层干部现状的担忧。

去年，中共中央办公厅的《关于进一步从严管理干部的意见》

中特别强调加强对县处级以上领导干部的管理，是对的，但是我认为县处级以下乡镇级干部的培养、教育和从严管理尤为重要，因为县处级以下这一大批干部直接面对广大老百姓。特别是在少数民族地区，由于地广人稀，广大老百姓见的更多的是那些基层的乡镇干部，而这些基层干部也应该是广大老百姓生活中出现问题，思想上出现波动的知情者和反映者，是帮助他们解决问题的指挥者。一旦这些基层干部出现问题，就如一位少数民族基层领导所反映的那样“广大民族地区基层工作就会出现断层，干部严重脱离群众”。结果就是党中央的政策和决策再正确，恐怕也落实不到基层老百姓身上。同样，地方的许多真实情况也很难及时迅速地反映上来，也就不可能把问题解决在萌芽中。

为此，建议中央组织部门应该高度关注这个问题，并采取更加有效的措施，在加大对少数民族地区各级各类基层干部培养的过程中，更要特别关注县处级以下各级各类基层干部的培养教育和严格管理，建设和巩固好少数民族地区的基层组织。

一、据了解，关于如何加强对少数民族地区县处级以下各级各类干部的培养，似乎还没有一个完整的有针对性的规划和要求。本人认为在少数民族地区起码有三类基层干部的培养要引起重视，并有相应的计划：县处级包括县处级以下各级基层党政管理干部；涉及民族宗教文化方面的管理干部；熟悉并能推动当地经济发展的专业型技术干部。建议对少数民族地区在这方面工作要有刚性的要求和严格的检查制度。而且，对于在少数民族地区工作的各类基层干部，在培养和要求上一定要一视同仁，不能因为是少数民族干部就可放宽要求，也不能因为是到民族地区挂职就减少要求。总之，对少数民族地区县处级以下各级基层干部的培养，不能放任自流，要真正做到中央要求的一级抓一级，抓实，抓好。中央有关部门应该加强检查和掌握。

二、我们党执政60年来在开展民族宗教工作方面积累了丰富的理论和实践经验，也有着许多值得深思的失误的教训，这些都是我们宝贵的财富。面对民族地区基层干部的年轻化，应该结合现实，用历史上活生生的教材，来加强对少数民族地区县处级以下各级基层干部进行党的民族宗教工作历史经验的教育，不断提高在少数民族地区工作的各级基层干部处理和解决经济、社会、文化发展各种问题的能力和水平，特别是提高各级基层干部的政治辨别力，增强高度的责任感和使命感。目前，有些少数民族地区在抓基层干部队伍建设中只是强调对地区发展现实需要的一面，而忽视了对党在少数民族地区多年形成的好的传统作风和工作方法的继承。这是需要引起注意的。

三、建议进一步加强对少数民族地区县处级以下各级各类基层干部培养教育如何适应新形势下民族地区各项工作需要等问题的研究。在少数民族地区进行调研的过程中，深切感到对基层干部培养教育如何适应新形势下的各项工作发展，似乎上面没有什么具体要求，地方似乎也没有什么考虑。一些基层的领导干部说起此事，也只能是摇摇头。少数民族地区地广人稀，有些地区处于闭塞状态，在这种情况下如何培养地区发展所需要的各级基层干部和各类人才？如何培养既懂民族宗教文化问题，又懂民族宗教政策和管理，又有应对复杂多变形势能力的各级各类基层干部队伍？等等。这些都是需要中央组织部门，以及民族宗教有关部门认真深入研究的。通过研究，掌握好在少数民族地区培养教育、管理县处级以下基层干部的规律，更好地推动民族地区各级基层组织建设，确保地区社会稳定，经济发展，人民生活安定美好。

2010年

关于在加强社会管理中，更加重视对少数民族地区基层组织的干部教育管理和加大财政投入的建议

2011年新年伊始，中共中央召开了省部级主要领导干部社会管理及其创新专题研讨班，胡锦涛就加强和创新社会管理提出八点意见，其中提出“进一步加强和完善基层社会管理和服务体系，把人力、财力、物力更多投入到基层，努力夯实基层组织、壮大基层力量、整合基层资源、强化基层工作，强化城乡社区自治和服务功能，健全新型社区管理和服务体制”。我认为这个决策是非常重要的，特别对于中西部少数民族地区和广大农村地区更显得尤为重要。

这一年多在少数民族地区做了多次调研，深感加强社会管理的重要，而要做好这方面工作有两个问题至关重要，一是要加强对少数民族地区基层组织干部队伍的教育管理（去年在另一份提案中曾涉及这个问题）；一是要进一步加大对少数民族地区基层组织各项工作开展的财政投入。

应该说，伴随着改革开放的深入，中央高度重视基层干部培养和教育等问题，中央有关部门为此也做了大量的工作。但是，在肯

定成绩的前提下，也要看到我们基层组织建设存在的问题，特别是在干部教育管理等方面。不客气地讲，前面所反映的情况，特别是少数民族地区基层组织干部队伍中存在的情况，是根本无法适应和完成中央关于加强和创新社会管理的任务的，也不可能推动当地和谐社会的建设。

去年在云南省红河州石屏县哨冲镇与一位镇党委书记（彝族干部）的谈话中，深感目前基层工作的困境。他所在镇党委、政府在编有60人，而目前基本的办公经费人均才500元/年，根本维持不了全年的工作需要，以致许多应该做的工作，只好不做；应该参加的活动、会议，就不参加。甚至有的地区基层派出所公安干警连工资都发不出来。在没有钱的情况下，无论是镇党委政府，还是公安派出所就要靠关系、跑关系，筹资金来解决问题，维持正常工作的开展。他们也很清楚，这样下去，久而久之，势必要出问题。因此，对于基层组织来说，他们非常希望中央能够加大财政投入，以确保基层各项工作的正常开展。为此建议：

一、加强和创新社会管理，是一项庞大的系统工程，涉及方方面面，建议国家层面应该成立加强和创新社会管理领导小组，或者中央有一个群众工作部，统一协调和领导加强社会管理的有关工作事宜。

二、结合中央关于加强和创新社会管理的要求，组织、统战、民族、民政等有关部门应该对城乡基层组织，特别是少数民族地区基层组织干部队伍整体情况开展一次比较深入的调查。同时，凡属条条管理的部门系统，如公安、司法、税务等也应该对所属系统在少数民族地区基层工作的人员情况做一个深入的调查和了解，以便对基层组织干部队伍和在基层工作的人员的实际情况做到心中有数，以便教育有针对性，管理到位。同时要积极探索建立一套及时掌握、发现问题的机制和严格管理措施。

三、中央《关于进一步从严管理干部的意见》中特别强调加强对县处级以上领导干部的管理，是对的，但是我认为在社会管理中县处级以下街道、社区、乡镇一级干部的教育和从严管理尤为重要，因为县处级以下基层组织的干部直接面对广大老百姓群众。特别是在少数民族地区，由于地广人稀，广大老百姓见的更多的是那些基层的乡镇干部，而这些基层干部应该是广大老百姓生活中出现问题，思想上出现波动的知情者和反映者，是帮助他们解决问题的指挥者。一旦这些基层干部出现问题，就如一位少数民族基层领导所反映的那样“广大民族地区基层工作就会出现断层，干部严重脱离群众”，结果就是党中央的政策和决策再正确，恐怕也落实不到基层老百姓身上。同样，地方的许多真实情况也很难及时迅速地反映上来，也就不可能把问题解决在萌芽中。因此，必须要根据少数民族地区基层组织干部队伍的实际情况，有针对性地加强基层组织干部的人员教育和管理，夯实基层组织，使基层组织干部队伍进一步提高为广大群众服务意识和组织社会、管理社会、服务社会的能力，适应中央关于加强和创新社会管理的要求。

四、中央这些年对地方党政领导和金融、大型国企主要负责人实施巡视检查制度，效果还是不错的。在推动社会管理过程中，也应该建立常态性的对城乡基层组织、特别是少数民族地区基层组织工作的监督、检查制度。在这个过程中，可以充分发挥地方纪检监察部门、地方人大代表、政协委员和有关社会群众组织的作用，使基层组织的所有工作能在有效的监督之下进行。

五、国家有关部门应该对基层组织开展工作所需要资金的实际情况，做深入细致的调研，要根据基层组织工作的实际需要，加大财政的投入，要解决基层组织在开展工作中的后顾之忧，改变地方财政捉襟见肘、四处化缘的尴尬局面。据云南石屏县哨冲镇党委书记讲，镇一级干部每年有一万元办公经费就差不多了。乡镇一级一年办公经费到底应该需要多少，国家有关部门应该做些深入调研，不要坐在办公室里、在报表上做决定。

在加强社会管理中，应该说，基层组织情况也不完全一样，面对的问题也不是完全一样的。城市好于农村，东部好于中西部，内地好于老少边穷地区，所以在加强和创新社会管理过程中，在对基层组织加大人力、物力、财力的投入过程中，要避免“一刀切”的简单从事的现象。建议还是更多地关注少数民族地区基层组织的整体情况，并加大各项工作的力度，以确保社会的安定，群众基本利益的保证，把和谐社会的建设落到实处。还要避免在加强和创新社会管理中，只注意社会管理的形式、方法和手段，而忽视了对参与社会管理的基层组织干部队伍的教育、管理，只有基层组织的干部队伍真正把群众利益放在第一位，社会管理也才能真正做好。

目前，社会上流传这样的顺口溜“中央的决策是一流的，制定的政策就成了二流的，落实的结果就变成三流了。”非常不愿意看到这样的局面，真正希望胡锦涛总书记所提出的在加强和创新社会管理方面的八点要求，在“十二五”规划的社会建设中能完完全全地落到实处。

2011年

关于制定民主监督刚性办法的想法

——要赋予人民政协与行政部门唱“对台戏”的权力

可能不少同志听到这个题目，感到别扭，为什么用唱对台戏这个提法？为什么不用一个比较缓和的词？如提建议、提意见等。其实我自己也明白，但是这些年过去了，我们在推动民主政治方面的努力，更多的是把精力用在了文山词海中，有关这方面的什么加强监督的要求、文件实在不少。可是落实得如何？效果如何？似乎没有更多的检查，更没有刚性的要求。

1989年12月中共中央发布了《关于坚持和完善中国共产党领导的多党合作和政治协商制度的意见》对进一步发挥民主党派在人民政协中的作用有明确的规定：人民政协要对国家大政方针、地方重要事务、政策法令的贯彻、群众生活和统一战线中的重大问题，加强政治协商和民主监督。

1995年1月政协第八届全国委员会常委会第九次会议通过的关于政治协商、民主监督、参政议政的《规定》，其中规定“民主监督的主要内容是国家宪法、法律、法规、重大方针政策的贯彻实施和国家机关及其工作人员的工作情况；民主监督的性质是提出建议和批评；民主监督的主要形式是政协组织向中共中央或国务院提出建议案、建议或有关报告，委员视察、提案、举报或提出批评和建议，参加党政部门组织的调查和检查活动。

2006年2月颁布的《中共中央关于加强人民政协工作的意见》，在第三部分明确提出“积极推进人民政协的民主监督”。重申了人民政协的民主监督是我国社会主义监督体系的重要组成部分。强调了政协的民主监督是在坚持四项基本原则的基础上通过提出意见、批评、建议的方式进行的政治监督。进一步明确了人民政协民主监督的主要内容和主要形式。强调了完善民主监督机制，畅通民主监督的渠道，提高民主监督的质量和成效。

应该说，这些年中央关于人民政协要起到民主监督作用的要求和表述是比较清楚的，要求也是比较高的，寄予的期望也是比较大的。但是从质量和效果上看，还是有许多不够的地方。所以在上面文件中才会有“提高民主监督的质量和成效”的提法。特别是各级地方政协对各级地方政府的监督，力度更显得软弱。实在地，这些年许多问题可能出在地方要比中央多，那么地方政协组织就需要反思，是否发挥了民主监督的作用。在这方面还是要解放思想，坚持实事求是才行。

这里，使我想起周恩来同志的话，1957年3月25日，在关于建立广西壮族自治区的一个座谈会上，他指出：“有了人民代表大会，政治协商会议就可以和国家行政机关唱对台戏，起监督作用。有团结，有制约，政治运用上要安排恰当，目的是为了团结。”我们可以很好地理解周恩来同志这句话。一方面说明人民政协不是仅仅拥护支持政府的工作，而是要发挥监督的作用，而这个监督也不是隔靴搔痒，轻轻说说而已，而是要唱对台戏；另一方面也表明国家行政机关还是有不少这样那样的问题。再有既然是监督，那就要不客气。而要达到可以唱对台戏的效果，要有一个刚性的要求，和一个畅所欲言的氛围。每一位政协委员应该从国家大局为重，敢于直言，还要一针见血。如果在政协内部都达不到这个要求，还提社会民主，就更远了。

据不少老的政协委员反映，近20年来，不管是在思想认识领域，还是在实践活动中，民主监督受重视程度及其作用的发挥，远不及政治协商和参政议政。究其原因，主要有主客观两个方面。从主观方面看，社会各界（包括政协组织自身）对政协民主监督的性质、地位、作用和意义的认识有不到位的地方。有人认为是一种形式，没有实质性的作用。恐怕从某些领导上也没有看重这一点。从客观方面看，目前的民主监督缺乏制度化，缺乏刚性的、可操作性的要求和制度保证。因此需要在解决思想认识问题的基础上，有一套法律制度来规范民主监督活动，保障民主监督权的可能、有序、有效行使。改变目前民主监督仅停留在政治表述层面上，没有实质性的要求、规范性的制度、可操作性的办法。

2008年

【调研考察及建言】

大运河“申遗”，“保护”第一位

京杭大运河是我国古代劳动人民创造的一项伟大工程，是祖先留给我们的珍贵物质和精神财富，是活着的、流动着的重要遗产。正如《京杭大运河保护与“申遗”杭州宣言》，它显示了我国古代水利航运工程技术领先于世界的卓越成就，留下了丰富的历史文化遗存，孕育了一座座璀璨明珠般的名城古镇，积淀了深厚悠久的文化底蕴，凝聚了我国政治、经济、文化、社会诸多领域的庞大信息。也正因为大运河的历史和现代的价值，我们国家从2006年开始启动了大运河的“申报世界文化遗产”的工作。两年多来，大运河沿线各地政府和有关部门对此做了大量的工作，其中包括对大运河沿线历史文化遗迹（包括物质文化遗产和非物质文化遗产）的保护和利用。

但是，在考察大运河的过程中，我们深感，在如何做好大运河保护和利用工作这个问题上，大运河沿线城市的基础设施建设、生态环境建设、文化遗迹建设，并没有真正遵循保护大运河原真性为第一位的思想。我们发现伴随城市建设和工业现代化建设，许多地方当年“古桥纵横、河埠林立、古屋毗邻、商铺连绵、巷弄穿错的运河风光”（《人民日报》2006年1月16日第11版）早已无影无踪。如浙江湖州反映：随着工业化和城市化步伐加快，与运河相伴的文物，如驳岸河埠、传统民居、巷弄河道都不同程度地受到破坏。历史上曾经与新市几乎同等发达的工商古镇练市、善琏，遗留下来的老街、老宅、老桥已所剩无几。即便是新市，原有72座古桥也只剩下12座。而与运河相关的地方戏曲、民间传说、民俗民风等地方文化由于多方面的原因大量失传和消亡。由于受城市化建设、航运业发展等因素影响，大运河及众多分支河道不断拓展，老河道、旧驳岸日渐式微，同时河道淤塞、水体污染等都对大运河生态环境产生了不良影响（湖州市人民政府《关于大运河保护与申遗工作情况的汇报》2008年6月25日）。有的地区在“加强运河航道的建设与管理，实现保护与发展的并举”思想的指导下已经对本地区的运河段进行了改造性工程建设：疏浚航道和桥梁改造，还建设了船闸等标志性建筑以及多个泊位工程（宁波市文广新闻出版局《关于杭甬运河宁波段保护与建设情况汇报》2008年6月23日）。从发展地区经济上，无疑是有推动作用的，但这不是保护大运河，而是打着保护的旗号，是一种“建设性”破坏。在这种“建设性”破坏中，这些地区遗存的大运河的原真性已经不复存在了。据有关媒体反映，有的地区运河两岸更是造起了高高的水泥墙；有的高楼林立、地产业兴旺；有的还“打造”了不少假文化古迹和文化广场等设施，美其名曰文化景观。殊不知，正是在这种发展地方经济利益的驱动下，大运河已经体现不出历史文化遗产的价值了。

可以看出，大运河申遗工作已经开展两三年了，但是沿大运河各地区的政府有关部门，特别是当地的领导同志在保护大运河和利用大运河问题上还有不少模糊的认识。而国家文物部门还需要利用各种方式做许多深入细致的工作，大运河的保护工作才能得到有效的加强，也才能使大运河的申遗工作更加顺利、健康地发展，真正使大运河通过有效的保护和申遗，成为活着的“国家瑰宝”、人类共同的财富，留给子孙后代。

罗哲文先生称大运河为人类与自然共同的杰作，集自然与文化于一体，物质与非物质文化遗产的结合，而且是还在流淌着、活着并且还要继续活着发挥其本身功能的遗产。这种表述是准确的，但它毕竟是以人工河而为名，从文物学上讲，它也是在历史发展过程中，由人类活动产生的，具有历史、艺术、科学价值的物质文化遗产。是一定历史时期人类为适应生产、生活和其他社会活动之需的产物，无不打上时代的烙印，体现出明显的时代特征，蕴含着该时代的各个方面信息。更重要的是，既然是物质文化遗产，就不可能被再生产、再制造，一旦破坏就无法挽回。正如刘庆柱先生说的，成为永远的遗憾。过去已经在“建设性”破坏中丧失掉的是无法挽回了，因为我们不可能把已经建成的东西炸掉，再恢复原貌。关键是目前还遗存的，而且破坏不是很严重的运河段应该怎么办？这正是目前大运河申遗工作中亟待统一思想认识、亟需解决的问题。

本人不是这方面的专家，提出几点拙见，请与会领导、专家斧正。

一、进一步加大对我国世界文化遗产保护工作的宣传力度

据有关资料介绍，近年来，我国的世界文化遗产保护事业发展迅速，被列入《世界文化遗产名录》的遗产地数量位居世界前列。然而，由于在不同程度上存在“重利用，轻保护”的错误倾向和管理体制不顺等原因，《保护世界文化和自然遗产公约》的有关原则和要求没有得到应有的重视，有不少世界文化遗产地已经在不同程度上受到破坏，在国际上对我国政府和文化遗产保护事业的形象造成不利影响。为此，国家文物局等有关部门应该通过各种渠道，加大在大运河申遗过程中关于保护世界文化遗产理念的宣传力度，特别对大运河现有遗存，要求大运河沿线各级政府和有关建设开发部门必须把保护大运河遗存的原真性放在第一位。树立保护好其原真性就是最好的利用的理念。

二、加大对世界文化遗产保护的立法工作，制定保护大运河遗存原真性的刚性制度要求

《保护世界文化和自然遗产公约》规定，世界文化遗产地对整个国家社会具有突出的普遍价值，遗产地所在国家应当竭尽全力加以保护并留传后代。既然大运河已经列入《中国世界文化遗产预备名单》，申遗工作已经启动，就必须按照《保护世界文化和自然

遗产公约》的要求，下决心、下气力做好大运河的保护工作。实际上，有不少专家学者前两年就提出制定出台《大运河保护条例》的建议，遗憾的是这项工作行动迟缓。为此，建议国家发改委、国家文物局等部门应该加紧制定关于大运河遗存保护的明确而带有约束力的刚性要求，推动大运河的保护与管理工作尽快走上法制化、科学化、规范化的轨道。

三、尽快制定一个既有利于大运河现有遗存保护，又有利于地方经济发展、改善民生的切实可行的保护规划，也是当务之急

大运河流域很长，涉及地区比较多，目前各地大运河段的现状和问题也多种多样，比较复杂。各地政府及有关部门对大运河沿线文化遗迹哪些属于大运河时期，应该保护，并列入申遗范围，并不是十分清楚和明确。例如：有的地区把本地所有的文化遗迹都和大运河申遗联系起来，包括古人类遗址；现代化建设工程、打造的文化景观也都和大运河申遗联系起来。可以感觉到，对大运河的保护和申遗工作，在概念上还是模糊的。所以建议，要在广泛的、有目的的调研考察的基础上，对各地区的运河遗存，哪些属于必须保护的，怎么保护，具体有什么要求；哪些属于可以开发的控制地区，有什么具体要求；哪些不属于大运河保护和申遗范围的，尽快地制定出明确的细致的规划。避免因为大运河保护目标的不明确，既影响保护工作，也影响当地的城市建设和经济发展。总之，要处理好大运河保护申遗工作与地区经济文化事业发展的关系。

四、为使大运河的保护和申遗工作顺利开展，建议国家文物局应该组织专家，对各地区政府主要领导和有关部门人员，以及参加这项工作的人员进行与大运河保护和申遗相关知识的培训

特别在大运河申遗工作的具体操作层面上，比如在各地保护和申遗文本报告的编写上，要有明确的统一的要求。要和世界文化遗产申报组织的要求衔接、接轨，而不是各行其是。论证文本报告中的阐述、判断、结论都要有根有据，要经得起查证、经得住检验。

（该文参加2008年9月江苏淮安大运河保护与申遗高峰论坛，收入中国文史出版社2009年出版的《中国大运河2007—2008》一书）

保护长城 任重道远

长城是什么？你了解长城吗？不少人肯定会自豪地说，自己曾爬上了北京的八达岭长城，还有的会说山海关老龙头是长城的起点。也会有人吟起毛泽东1935年写的“不到长城非好汉”的诗句。这个长城在哪儿？回答一定也是五花八门。恐怕更多人会直指北京附近那蜿蜒山岭上雄伟、壮观的石筑长城。也有许多人不相信当年毛泽东率领红军到过的长城竟是宁夏南部固原境内的战国秦长城，那也是土长城。应当承认我们对长城的了解太少了。

长城始建于春秋战国时期。秦朝在原来燕、赵、秦等诸侯国长城的基础上，修筑了万里长城。此后十多个朝代都不同规模地修筑过长城。据国家文物和测绘部门介绍，现有长城遗址两万多公里。长城承载了中华民族丰富的历史和文化。尽管当年修筑时长城是作为军事防御而用，但它确实是各民族文化、经济、社会碰撞、交流、融合的见证。遗憾的是，随着岁月的流失，长城遗址已经并还正在遭受自然和人为的无情破坏。作为1987年就成为“世界文化遗产”的长城，保护工作已是刻不容缓。

近些年，国家和各级政府，以及文物部门为保护长城做了大量工作，出台文件、制定法规、编制规划；有些地区在长城遗址处围栏设标、专人巡视等。但是，长城是世界上体量、规模最大的线性文化遗产，分布地域又非常广，仅靠文物部门、专业队伍的保护是难以完成的。而要完成这一保护任务，只有宣传群众、发动群众，依靠广大群众的参与才能实现。这也是在长城保护调研考察过程中得出的深刻认识。

要让广大人民群众进一步认识长城、了解长城、热爱长城，提高参与保护长城遗址的主动性和自觉性。特别是要让长城遗址所在地的广大群众参与进来，是当务之急。在内蒙古四子王旗白音朝格图考察金代长城遗址时，当地许多牧民并不知道自己经常放牧的地方就是长城遗址。而我虽在四子王旗插队好几年，也不知道这里还有长城遗址。可见，保护长城，首先要让群众知道哪里有长城。长城遗址所在的省市自治区应该有计划地组织本地区的历史、文化、文物、史志、社科、教育等方面的专家学者积极挖掘涉及长城的历史文献资料、方志记载、人文典故，特别是能反映本地区各民族越过长城交流融合的史料，通过加工整理，成为宣传、教育群众的乡土教材或是普及读物。在掌握丰富资料的基础上，通过各种形式的宣传，提升广大群众对本地区长城遗址的认识了解，以及自豪感。要让当地群众知道哪里有长城？应该怎样保护？

对已经开辟为旅游地区的长城遗址，更要加强对前来观光群众的长城遗址保护教育，不仅使他们看到长城，体会到“不到长城非好汉”的意境，更要让他们感受到长城的丰富而深刻的历史文化内涵，而对长城遗址肃然起敬，从而提升保护长城遗址的自觉性，也不枉“到此一游”。这也就对有长城遗址所在地区的各级政府、旅游等部门提出了更高的要求，所有关于本地长城遗址的宣传材料不仅有长城遗址历史文化的介绍，更要有如何保护的警示要求。

近两万公里的长城遗址保护起来，难度确实很大，更何况有不少长城遗址地段是处于方圆几十里甚至上百里无人区，要让路过或偶尔路过的群众能知道自己已经处在长城遗址保护范围内，就必须要加大长城遗址沿线标志性碑牌的建立。在明显的牢固的标志性碑牌上，要表明此处长城遗址的时间、名称、起止点、走向等信息以及保护要求等警示。要根据当地的实际情况，来决定这些标志性碑牌建立的密度。实际情况表明，仅在明显处竖块碑牌是不够的。要清楚，这也是在向广大群众进行有针对性的宣传。

今天，长城保护的重任落到了我们这代人肩上，应该实事求是地说，我们这代人开启了这项工作，但不可能一劳永逸。中华民族的文化需要传承，长城遗址的保护也要传承，要让我们的子孙后代都认识长城、了解长城、热爱长城，进而积极保护长城。这就需要有长城文化的宣传教育，我们是不是应该对广大青少年的长城知识普及；我们是不是应该有部《话说长城》的多集电视专题片；我们是不是也需要有一座能全面展示长城历史和文化的综合性博物馆；等等。

总之，长城保护，宣传教育群众工作是必不可少的重要环节，要让全体人民、我们的子孙后代真正认识和对得起我们祖先的劳动成果。长城保护工作任重而道远，必须要有广大群众的参与、几代人的努力。

（原载于《中国政协》2012年第14期）

对新形势下党史工作如何实现科学发展的几点思考

党史工作自1980年开展以来，伴随改革开放的前进步伐，从无到有，从小到大，从摸索规律到成熟发展，已经走过了28年的路程。28年来，在党中央的重视、关心和直接领导下，在广大老同志和社会各界的支持下，在各级党委和各级党史部门、广大党史工作者的努力下，党史工作克服了种种困难，取得了很大的成绩，得到了中央和各级党委领导，以及广大人民群众的肯定。

当然，任何事物都有其两面性，在肯定党史工作这些年取得很大成绩的基础上，对照科学发展观的要求，和党的其他工作相比较，和党的其他工作部门相比较，应该实事求是地承认我们还存在着许多不足，存在着制约我们工作进一步发展的因素，应该清醒地看到进一步完善和提升我们工作水平、质量、能力的空间还很大，这是应该在此次学习实践活动中认真查找，并努力争取解决的。

通过最近深入学习实践科学发展观活动，认真学习《科学发展观重要论述摘编》《深入学习实践科学发展观活动领导干部学习文件选编》以及欧阳淞主任的动员报告，回顾党史工作的发展历程，自己对党史工作面对新的形势如何实现科学发展有一些粗浅的认识和不成熟的思考。

一、要进一步加强和提升党史工作对于执政党建设具有重大意义的认识。

我认为，要真正实现党史工作的科学发展，必须首先解决人的思想认识问题，即全党干部、党员对党史工作在执政党建设中具有重要地位的认识。党史工作自1980年开展以来，在许多场合，中央主要领导同志都非常深刻地阐述了党史工作的重要性，指出党史工作是党的一项重要工作，是党建工作的重要内容，党史部门是党的一个重要工作部门。不能不说，这些讲话对党史工作都是巨大的推动。在28年里中央还批准了两个时期的党史工作规划，这些对党史工作的发展都是起了很大作用的。但是，从这些年党史工作在全党工作中的地位和影响以及各级党委领导同志对党史工作的认识和态度看，从党史工作开展的实际效果看，对党史工作在执政党建设中具有重要作用的认识并没有完全解决，因此，非常有必要在全党重申党史工作的重要性和有利于党史工作发展的要求。

（一）首要是解决各级党委主要负责人、分管党史工作的领导同志思想上对党史工作存在的模糊认识。目前全国各级党史部门发展极不平衡，一个很重要的原因是各级党委主要负责人或分管党史工作的领导同志对党史工作认识不一，重视程度也不一样，对党史部门的要求和管理也就不一样。全国30个省、自治区、直辖市目前省级党史部门几乎都是副厅级待遇以上，但是也出现了如青海省党史研究室是正处级的情况，而且是由于省委主要领导意见，从正厅级降到正处级的，已经8年了，多次反映，至今没有解决。

（二）进一步解决党委其他部门对党史部门的认识，解决党史部门与党委其他部门处境不一样，工作处于边缘化的问题。这个问题在中央可能并不明显（实际上也有一些反映），但在地方却是非常明显，反映在主要领导安排上、干部流动提拔上、办公用房条件上、车辆使用上、经费保障上等，都存在这样那样的问题，以致严重影响了在党史部门工作的同志们的积极性，也更难推动当地党史工作的发展。

（三）进一步提高各级党史工作者对党史工作重要性的思想认识和自身业务素质，树立爱岗敬业，干一行爱一行的工作精神。这些年，全国党史工作队伍中涌现出了一大批从事党史工作多年，兢兢业业、埋头苦干的同志，涌现出了不少先进集体和先进个人。但是也要清醒地认识到，我们这支队伍还不整齐，主观思想上还存有许多影响个人发展、工作发展的因素，需要加强思想教育工作，需要严格要求，需要有更好、更适应党史工作者个人发展、适应党史工作发展的机制和体制。

为此，建议一定要全力争取中央能批准《加强和改进党史工作意见》的出台，在这个文件中把该说的话要写清楚，写明确。要把解决这个问题提高到能否使党史工作长期协调可持续发展的高度来认识。总之，出台加强党史工作意见已经到了必须走的一步了。

二、从中央党史研究室自身的工作来看，真正做到科学发展、统筹兼顾的发展、全面协调可持续发展，除前面所说的问题外，还要处理好三个关系、做好六个方面的基础工作。

（一）注意正确处理好三个关系

1. 党史工作为党的工作大局服好务和党史工作要按照自身发展规律做好扎实工作的关系

中央党史研究室从成立那天起，就要为中央工作大局服务，这是中央的明确要求，也是党史工作本身特性所决定的，这是没有二话的。回顾历史，可以看到当年中央党史研究室、中央党史资料征集委员会，就是为1978年后全党拨乱反正、正本清源，恢复被林彪、“四人帮”颠倒了的历史本来面貌，尽快写出一本正史而成立的。这些年，在各个场合，中央领导同志都反复强调党史工作要为党的工作大局服务，要发挥党史以史鉴今、资政育人的作用，而且党史工作为大局服务的职责也增加了许多。我们党史工作也是在做好为党的工作大局服务的过程中走过来的。在这个问题上是一点不能含糊的。当然，党史工作，特别是党史研究，属于历史研究范畴，又是一项需要能够坐下来，经过收集资料，潜心研究，得出结论，写出文章。这是需要时间，需要心静、需要人的扎实工作，不能浮躁，不能着急，还要实事求是。这是历史研究工作的基本规律。作为中央党史研究室应该在上述两方面工作中都要做得很好，两手都要硬。但是，实际上由于我们人手不够，特别是骨干力量不是很多，这就造成有部分骨干力量非常忙，以致坐不下来，心静不下来，产生了为大局服务工作和潜心研究工作之间的矛盾，处理不好，也可能造成思想上一些错误认识。因此，需要认真研究这个问题，处理好这个关系，才能进一步推动我们这两方面工作协调发展。

2. 正确处理好党史研究、党史资料征集、党史宣传教育及其他有关重要工作的关系

2002年中办9号文件公布了中央党史研究室新的“三定”方案，进一步明确指出了我室是党中央直属事业单位，是中国共产党党史研究部门，也是中央主管党史业务的工作部门。新的定位使党史研究室更向中央的工作部门转变。文件中重新调整了我室的职能，调整后我室的主要职责从1994年中办38号文件规定的四项增加为七项，即从原来只有党史研究、党史资料征集，又明确增加了党史宣传、党史教育、党史人物纪念、革命遗址遗迹审查和对地方党史工作指导等。面对新的形势、新的任务，作为工作部门，我们似乎不好再强调只有党史研究是我室的主要工作了，应该认识到中央赋予的所有工作都是重要的，不好再说哪项工作是主要的，哪项是次要的。当然，资料征集和专题研究是做好党史工作的基础还是要强调的。所以，要想为大局服好务，所有中央赋予的工作职责都应该受到重视，都要安排好力量。因此，处理好上述各项工作之间的关系，统一调配好力量，才能使我室的工作在统筹兼顾的情况下得到发展。

3. 正确处理好我室业务工作与科研管理、行政后勤管理、党务工作的关系

全面提升党史工作的水平，不仅要有一支过硬的业务队伍，有一批政治强、业务精、作风好的业务人员，同样要有一支非常强的，肯于服务、吃苦的高素质管理人员。一定要避免只强调要有专家性人才，有研究人员，而忽视了对高素质管理人才的培养。过

去，我们有这方面的教训，不能再使业务人员与行政后勤人员思想上有对立情绪的存在。要从建立和谐机关方面，处理好两类不同性质工作之间的关系，强调两支队伍的共同、协调发展。这样也为今后全室各部门干部之间的交流打下一个良好的基础。

（二）注意做好六个方面的基础性工作

1. 队伍建设工作

解决好人的问题，这是使党史工作能够实现科学发展的关键，也是发展能力的一个标志。当然，这里既要有针对性地解决思想认识问题，也要强调进一步加强学习，扩展知识，提升业务水平。还要制定相应的激励机制和以人为本的各项制度。当然，根据我室工作任务要求和这几年工作实际，我室整体队伍人员偏少是一个现实问题，需要向中央领导同志、中央编制委员会提出增加编制的问题。

2. 资料建设工作

从党史工作整体发展看，不论是党史研究，还是党史宣传教育，以及其他有关工作，资料建设是基础，加大资料征集、整合、储备、管理等工作是非常必要的。目前看我们的资料征集工作比较薄弱，资料储备不足，而且管理也存在缺陷。目前我室管理资料工作比较分散，图书馆、资料编译处在科研管理部，资料征集工作在征集办公室，各业务部门还有自己的资料，建议成立局级资料征集部门或资料征集管理中心，统筹负责全室的资料征集和管理工作。

3. 机构设置工作

从1988年以来，我室一直是6个局级机构建制，2002年职能增加了，工作多了，但机构设置上一直没有增加。几年实践下来，确实非常不适应，尽管成立了征集办、宣教办、地方处，但由于机构级别低，人员少，工作开展受到影响。因此，建议积极向中央领导同志呼吁增加机构，同时也要向中央编办积极说明情况，争取能帮助我们解决资料征集、宣传教育、地方工作以及老干部管理几个局级部门设置问题。如果实在不行，建议可以在机构设置上做大点的动作，利用现有机构进行调整。

4. 制度建设工作

这些年，我们室在制度建设上做了不少工作，制定了一批规章制度，但是在以人为本为指导方面考虑得不够，更多的是强调如何管理，再有就是抓制度落实工作不好，当一些制度在执行过程中遇到问题，往往就放下来了。因此，要对原有制度进行一番检查、筛选，把不适合的条文去掉，根据推动发展的要求，制定出以人为本、适应党史工作特点、切实可行的制度来。建议新出台的制度更多体现在激励机制上。

5. 组织规划工作

2006年中办转发了中央批准的我室2006—2010年工作规划，使党史工作有了一个可以遵循的基本要求。但是，由于每年中央还要交办一些任务，另外还有一些临时性的工作，我室还要制定每年的工作要点。从这些年工作实际看，尽管每年都强调要突出重点，量力而行，但工作任务还是过满，以致有些任务说了多年，一直没有完成。因此，组织制定科学的规划，也是保证党史工作能够科学发展的重要环节。所以，建议今后制定工作规划时，切忌过满、过多，要实事求是。同时，建议对室内各项工作和布置给地方党史部门的任务，也要建立起定期督察、检查制度，确保任务的完成。

6. 后勤保障工作

室内办公条件以及其他涉及机关干部职工工作生活方面的必要保障，也是推动机关各项工作发展的基本保障。今后行政后勤保障工作在严格遵守国家有关政策和制度的前提下，更突出一个服务，体现以人为本的理念，为建设学习型、研究型、服务型更加开放、更有活力、更有影响的和谐团队打造坚实的基础。

三、如何实现党史工作为科学发展大局服务，如何实现党史工作自身的科学发展，还有一点是需要注意的，就是要始终坚持实事求是的思想路线。没有实事求是，党史工作也就不会有科学。从事党史资料征集、专题研究、史书编写、宣传教育各项工作都要注意遵循这一个原则。

最后，我认为，此次学习实践科学发展观活动对于党史工作在原有基础上进一步发展，是一个非常好的机遇，我们必须紧紧抓住。但是，党史工作中存在的这样那样的问题，也不是此次学习实践活动一次就能解决的，还是要抓住一个或几个关键性问题、最主要的问题实现重点突破，取得实效。只要大家统一了思想，有了共识，通过不断地努力，就会实现我们的目标。

2008年12月

（本文收入中央第十指导检查组《深入学习实践科学发展观活动解放思想大讨论发言摘编》）

对新疆南疆贫困地区在“十三五”期间实现脱贫攻坚的思考[①]

党的十八届五中全会从实现全面建成小康社会奋斗目标出发，明确到2020年我国现行标准下农村贫困人口实现脱贫，贫困县全部摘帽，解决区域性整体贫困。会议吹响了脱贫攻坚战的冲锋号。随后，中央又召开扶贫开发工作会议，进一步分析脱贫攻坚面临的形势和任务，对当前和今后一个时期脱贫攻坚任务做出部署，动员全党全国全社会力量，齐心协力打赢脱贫攻坚战。

新疆南疆贫困地区怎么办？现实的问题摆在了我们面前。这两年我们对新疆南疆地区多次进行调研，既看到了南疆地州县各级干部和广大群众为了南疆的经济发展和社会稳定所做出的不懈努力，也看到了不少值得注意的问题。在今后的五年中，新疆南疆地区能否跟上全疆，乃至全国的步伐，实现区域性整体脱贫，进入小康，现在如何起步？如何“找准路子，构建好的体制机制，在精准施策上出实招、在精准推进上下实功、在精准落地上见实效”，是非常

① 2013年作者退休后，参加了当代中国研究所组织的关于新疆问题的调研课题。以下几篇文章即是调研后对新疆，特别是南疆地区的经济发展、社会稳定有关问题的思考和建议。

关键的，为此，根据在南疆地区调研中看到、听到、想到的问题，提出以下几点建议：

第一，要进一步处理好“发展与稳定的关系”，坚定不移地坚持发展是硬道理，真正把发展落实到改善民生上，落实到惠及当地上，落实到增进团结上。

回顾改革开放以来的历史，应该说，发展始终都是硬道理。2012年习近平在参加十一届全国人大五次会议新疆代表团审议时就曾明确指出：“发展是我们党执政兴国的第一要务，也是做好新疆工作的重中之重。离开更好更快发展，新疆长治久安就无从谈起。要针对新疆与东中部地区之间、疆内区域之间、城乡之间发展差距以及不同社会成员之间收入分配仍然较大的实际，进一步解放思想、转变观念，把立足点放在切实增强自我发展能力上。”当时在讲话中就针对新疆社会稳定方面仍然存在不少的问题，还提出要“进一步正确处理发展稳定的关系”。2015年中央民族工作会议上习近平再次指出：“发展是解决民族地区各种问题的总钥匙。如果民族地区发展差距持续拉大趋势长期得不到根本扭转，就会造成心理失衡乃至民族关系、地区关系失衡。”并说：“不管发生什么情况，我们都要坚定不移推动新疆更好更快发展。”

从新疆的实际情况看，贫困人口主要集中在少数民族，特别南疆喀什、和田、克孜勒苏三地州维吾尔族聚居区，是新疆成片的贫困地区。而目前这些地区又是敌社情较为复杂的重点区域，维护稳定的工作异常艰巨繁重。以致使这些地区的许多基层干部在对待发展与稳定关系问题上出现了误区，主要表现在：在维稳的压力下，已经顾不上考虑地方经济的发展问题，不少地方“把维护社会稳定和长治久安作为各级党政的第一责任、第一要务”。维稳成为他们的“着眼点和着力点”，成为他们“思想和行动统一”的目标。甚至有的县由于维稳任务重，干部队伍已经“疲惫不堪”，出现力量不够的现象，不得已动用了县财政近一半的资金专门成立了7000人的保安公司，来解决基层干部力量不足问题。可以想象，如此疲惫、维稳压力如此之大的基层干部还会有时间和精力去考虑地区经济发展和民生问题吗？他们对本地区困难的认识，只能停留在“人不够，钱不够，时间不够”。希望“增加编制，财政支持，长时间维稳”。而对解决长治久安的对策的认识也只停留在维稳工作上，根本涉及不到发展经济，改善民生了。似乎只要维稳做好了，根本问题就解决了。究其原因，恐怕与上级对基层的考核要求有关，与我们各级干部对发展与稳定的关系缺乏正确的认识有关。有的乡镇干部反映上级考核的着眼点和着力点主要是维稳，大量的维稳工作压得基层干部应接不暇、疲惫不堪，用他们的话说“已经根本没有精力再去考虑发展问题”。我们认为，如果南疆广大基层干部以这样的思想认识、精神状态去面对“十三五”的任务，恐怕是有问题的。为此建议，全疆、特别是南疆贫困地区的各级基层干部应该借贯彻落实党的十八届五中全会精神和中央扶贫开发工作会议精神之机，认真开展对习近平同志关于“发展是我们党执政兴国的第一要务，也是做好新疆工作的重中之重”以及“发展是解决民族地区各种问题的总钥匙”思想的学习，解决好对“发展与稳定关系”的正确认识，牢牢抓住“发展是硬道理”，齐心协力，集思广益，以

“啃硬骨头的精神”带领各族群众打好这场脱贫攻坚战。

第二，针对南疆各地区经济社会发展不平衡和社会治安的实际情况，可以适当对南疆地区干部驻村工作进行调整，可以考虑有针对性地组织各类干部力量到南疆三地州贫困地区开展“帮脱”（帮助脱贫）工作。所谓各类干部，其中既有机关公务员类，也要有一些针对南疆地区实际经济发展状况需要的技术干部，如涉及农牧、果木、棉花种植和加工等方面的技术人才，甚至有关上述方面的企业方面人员。通过找出路、想实招，切实帮助南疆的少数民族群众走出贫困。南疆的地州县情况不完全一样，要根据实际情况，因地制宜。例如：泽普县有20万亩红枣树、2万亩苹果树、10万亩核桃树，还获得过国家良好农业规范认证。在县的周边，也看到了枣业加工的厂房。但是在调研中，我们却听到了种植红枣的果农由于没有渠道，红枣卖不出去的反映。如果当地的基层干部能更多地考虑地方经济的发展，考虑众多果农的生产生活，把他们组织起来，主动联系销售渠道，这些问题是不难解决的。如果我们驻村干部有这方面的人才能够帮助地方开展这方面的工作，那不更是锦上添花吗？南疆地区农村富余劳动力很多，土地又比较少，外出务工是老百姓增加收入、改善生活的一个很重要的途径，但是由于当地信息比较闭塞，缺少出路，再加上语言交流的困难、务工技能的缺乏以及观念问题，所以，大量劳动力走不出去。莎车县是南疆的人口大县，2015年全县投入了300万元，才有1900人走出去。而据当地负责人说，全县只有走出15万到20万务工人员，全县老百姓的生活才能跟上奔小康的步伐。所以如何发展经济、改善群众民生，实现本地区的脱贫是必须要面对的大问题。这既取决于中央的顶层设计、特殊的政策支持，也需要有一批在各方面有带动能力有作为的基层干部。因此，对下一步南疆地区驻村干部的安排考虑，不能仅限于维稳工作的需要，应该更要从发展地方经济，加快实现脱贫考虑。

总之，在提高南疆地区广大干部对“发展与稳定关系”的正确认识的基础上，进一步加大对南疆贫困地区基层干部队伍的整顿、教育、管理和反腐败的力度，使各级党政领导干部和广大基层干部坚定信心、勇于担当，把脱贫职责扛在肩上，把脱贫任务抓在手上，并在脱贫攻坚战中接受考察和检验。

第三，在认真实施中央“五个一批工程”，落实精准扶贫、精准脱贫的前提下，进一步解放思想，针对南疆区域性贫困面积比较大、贫困人口比较多、语言交流不方便、易地搬迁有一定困难的实际情况，有针对性地、因地制宜地实施特殊政策下的脱贫方案。针对南疆的特殊情况，对广大群众生产生活更加有利、对稳定管理更加具有实效的出路，就是在当前市场经济条件下，进一步调整南疆地区农牧果业的经营体制机制，扩大农牧果业集体经济体制和组织框架。

根据南疆贫困地区的历史与现状，可以看出，靠一家一户的农牧业分散经营达到致富脱贫是比较困难的，应该根据南疆各县域经济的基本情况，因地制宜，走组织起来的道路。可以有几种考虑：一种是，在基层组织比较健全、干部力量比较强，在农牧果各业中有带头人的地方，建立各种专业合作社，国家给予资金、技术和销售、运输等方面的支持。另一种是，在南疆个别贫困面积大、生态不是很好、人口比较集中地区，由中央财政出资建立相关企业。例如：在种植棉花比较多的地区，建立纺织厂；在种植果木比较多的地区，建立果木加工厂；在农业为主的地区，建立粮食加工厂等。这些企业要配备比较强的技术人员，在确保质量的基础上，探索研制本企业的品牌产品，并由政府出面将这些产品推向社会，以得到全社会对脱贫工作的支持，这些企业在若干时间内是不以盈利为主的。主要是要解决当地各族青年的就业，文化（含双语）教育和基本生产技术培训。通过这些企业一方面带动地方经济的发展，改善人民的生活，同时也利用这些企业对所有员工加强组织管理，进一步促进地方的稳定和谐。在这方面有些国家已经在实践了，成效还是比较明显的。再一种是，可以考虑将南疆贫困地区的脱贫、实现小康与新疆兵团的改革发展结合一起研究。

总之，全国的脱贫工作不可能都是一个模式，也不可能一刀切。对确实贫困的特殊地区应该有特殊的超常规的办法，否则有些地区五年实现真正脱贫是比较困难的。新疆南疆贫困地区困难比较多，问题也比较复杂，应该要有更特殊的办法来落实“十三五”规划，打赢这场脱贫攻坚战。

以上是对新疆南疆贫困地区如何面对“十三五”规划的开局，进而通过努力，完成脱贫，实现小康的一些思考，供参考。

2016年6月

兵团应该成为新疆南疆地区稳定、发展、脱贫的重要支撑

——关于新疆南疆贫困地区实现脱贫的再思考

去年在新疆调研后曾就南疆贫困地区在“十三五”期间如何实现脱贫写出几点思考，在文章的最后，曾提出一个想法，就是新疆南疆贫困地区的脱贫可以和新疆生产建设兵团的深化改革结合在一起去研究。为什么要提出这个问题？是因为几年调研下来，感到南疆贫困地区要解决问题，实现脱贫，仅靠自己的力量是比较困难的，很需要中央层面的顶层设计，也需要有外力的介入，对于南疆来说，兵团则是一支重要的力量。

习近平早在2012年3月9日在参加十一届全国人大五次会议新疆代表团审议时就曾讲：“南疆相当一部分少数民族群众生活还比较贫困，那里务工门路不多，务农土地又相对较少，城市流动人口就业问题还比较突出。”随着南疆地区出现暴恐事件，近三年，新疆自治区以每年20余万机关干部在南疆开展驻村维稳工作，应该说取得了一定的成效。记得2014年，我在新疆调研，根本看不到内地人到新疆旅游的，到南疆更不可能。而今年，我在南疆看到了内地游客。当然，在充分肯定维稳工作成绩的同时，也要看到一些问题的

存在仍然影响着南疆地区的经济发展和老百姓生活的改善，而其中有些问题不是南疆地区在短时间内能改变的。比如习近平所指出的：一部分少数民族群众生活还比较贫困、务工门路不多、城市流动人口就业问题还比较突出等问题。几年过去，问题并没有解决，如南疆莎车县尽管投入了300万元，在2015年还是只有1900人外出务工。而该县有关负责人曾预测，只有当每年有15万至20万人能外出务工时全县老百姓的生活才能与其他地方同步走进小康。去年在莎车等县，我们看到的还是因维稳工作压力而疲惫的基层干部；看到一些老百姓有了政府帮助盖的新居，但屋里四壁空空，反映出窘困的生活；看到地方民族宗教问题仍然复杂、宗教人士中的“两面人”现象严重，甚至不少地区基层干部中也有“两面人”（对此将在另一篇文章涉及），等等，这些仍严重影响着南疆贫困地区的经济发展和少数民族群众的生活改善。说明南疆地区2020年实现中央关于完全脱贫的要求，无疑是有一定困难的。因此，需要按照习近平总书记曾指出的“对南疆发展，要从国家层面进行顶层设计，实行特殊政策，打破常规，特事特办。”这也是在今年新疆调研中，特别是与兵团座谈调研后，对去年调研中形成的“以兵带地，共同发展”思考进行了完善。

2014年第二次中央新疆工作座谈会上，李克强总理在肯定新疆生产建设兵团几十年取得的重大成绩时，曾谈到兵团存在的问题，指出：“兵团整体‘北强南弱’：二三产业主要集中在条件较好的天山北坡一带，天山以南只有4个师57个团场，人口和经济总量分别占南疆的6.8%和13.7%，与新形势下维稳成边的要求不相适应。要完善兵团布局，现有师团发展，在南疆有条件的地方适当增加团场数量，优先设市建镇。发挥好兵团的特殊优势，辐射带动周边地方发展，吸纳地方少数民族群众就业，促进群众致富和社会进步。”强调指出：“兵团和地方是一家。要牢固树立兵地‘一盘棋’思想，从国家战略和新疆大局出发，处理好兵地关系，实现与地方利益同体、感情相连，推动兵地融合发展。经济是催化剂。要探索兵地产城融合、园区共建、相互参股、以团带乡等新模式，尤其在重大基础设施、公共服务体系建设方面，要同步规划、同步建设、同步受益。”我们在调研中了解到，根据中央的部署，新疆兵团这两年正在实施《兵团在南疆发展规划纲要》，围绕人口集聚，推进工业化城镇化，发展现代农业，新建扩建团场，加强民族团结，深化兵地融合发展，提升维稳戍边能力，夯实基层基础，做了不少工作。比如重点抓了一师阿拉尔经济技术开发区、喀什开发区兵团分区、昆玉市建设、于田县拉伊苏新建团场、莎车农场和红旗农场扩建、以团带村等工作。在座谈中，我们也感到兵团在向南发展的过程中，似乎与地方的关系还存在一些问题，还没有真正起到以兵带地的作用；而地方一些领导对兵团的向南发展工作也有一些看法。自治区的一些干部都认为南疆地区维稳任务很重，兵团的核心领导机关最好不要搬迁到太远的地方，不仅不能搬，兵团还应该以嵌入式的发展，深入到南疆的少数民族群众中，带领地方一起发展。

兵团向南发展到底如何推进？南疆贫困地区怎样才能脱贫？这两个方面能否结合起来考虑？也就成为本思考的出发点，我们认为：兵团应该成为新疆南疆贫困地区稳定、发展、脱贫的重要支撑。为此有几点想法：

第一，既然兵团目前的布局“与新形势下维稳戍边的要求不相适应”，在南疆师团的发展，包括基础性建设，都应该从维稳戍边大局出发，不要人为地选址建新的远离地方群众的市、镇基地，能够建立市、镇的地方应该就是已经自然形成的人口较多聚集地、社会功能也比较多的师、团所在地。以确保兵团各师团的核心、主力在地方的影响力，确保南疆地区社会的稳定发展。今年到目前，阿克苏地区已经发现和打掉了100余起极端组织，应该说在南疆地区敌社情形势仍比较复杂、县乡镇基层干部维稳压力比较大的情况下，作为“安边固疆的稳定器”，兵团在南疆的稳定作用还是重要的支撑力量，兵团的一举一动不能对地方干部和群众心理造成不稳定的影响。

第二，兵团在南疆各师团的发展，特别是团场的增加能否考虑把南疆贫困地区一些乡、村整建制地接收进来，这样既形成了兵团在南疆贫困地区的嵌入式存在局面，也能够更好地带动地方各方面事业的发展。可能地方领导对此会有不同的想法，也可能涉及到双方的利益问题，这就需要中央和自治区、兵团对此有顶层的设计和要求，从国家层面考虑，从大局考虑，来推动这种兵地融合，发挥好兵团“凝聚各族群众大熔炉”的作用。

第三，兵团要以“先进生产力和先进文化”带动和引领南疆贫困地区的经济文化建设。已经在新疆有60多年光辉历史和优良传统的生产建设兵团，如何把兵团的先进生产理念、生产方式和生产技能传授给南疆贫困地区的少数民族群众？我们在阿拉尔的一些兵团团场看到了果园中许多新技术的应用，而在地方许多果园中还是传统的生产技术和管理，这就是差别。地方县乡镇各级基层干部如何组织群众向附近的兵团生产基地学习？这是兵地双方都需要认真考虑并积极组织推动的。使兵团这个“先进生产力和先进文化的示范区”真正发挥出示范作用。

总之，对于南疆贫困地区的发展脱贫，单靠地方，还是有不少困难的，在目前的情况下，发挥兵团的作用是非常现实的，当然，这不是自治区和兵团单方面可以决定的，实际上，我们在调研中已经感觉到这个问题的存在。解决的办法是自治区和兵团双方都有共识后才能解决。习近平总书记曾指出：“就新疆整体发展而言，如果没有南疆发展就没有全疆振兴。因此，一定要把南疆发展切实抓紧抓好。”在新疆发展问题上，还指出要“多算大账，少算小账，特别要多算政治账、战略账，少算经济账、眼前账”。不论是自治区，还是兵团都要站在战略和全局高度来认识新疆工作的重要性。

以上几点建议，仅供参考。

2016年9月

加强对新疆少数民族基层干部培养教育管理重要性的再认识

——兼谈南疆地区基层干部教育管理有关问题

我们党在培养少数民族地方干部方面是高度重视并有着丰富的经验的。从历史上看，新中国刚刚成立，毛泽东就曾指示西北局要“大批培养少数民族干部”，指出“青海、甘肃、新疆、宁夏、陕西各省省委及一切有少数民族存在地方的地委，都应开办少数民族干部训练班或干部训练学校”。并强调：“要彻底解决民族问题，完全孤立民族反动派，没有大批从少数民族出身的共产主义干部，是不可能的。”（毛泽东《应大量吸收和培养少数民族干部》1949年11月14日）1950年6月毛泽东在中共七届三中全会上针对少数民族的社会改革，又一次强调：“没有少数民族自己的干部，就不要进行任何带群众性的改革。我们一定要帮助少数民族训练他们自己的干部，团结少数民族的广大群众。”指出培养少数民族干部的重要性（《新疆工作文献选编》第50页）。当时，新疆的民族干部到底有多少呢？根据资料显示，“一九五〇年，新疆少数民族干部仅三千人”，加大力量培养民族干部显然是迫在眉睫。为此，中共中央指示新疆分局和西北局，要根据新疆实际情况“在实际工作中培养当地民族干部，团结他们，教给办法，多由他们出面办事，帮助总结经验等”（《中共中央对新疆开展减租反霸运动的指示》1951年10月20日）。并要求：“少数民族干部的培养在五年内应着重普通政治干部和知识分子的训练，并培养迫切需要的专业和技术干部。应办好民族学院，并继续开办各种干部学校和短期训练班。”（《中共中央关于制订五年建设计划应重视少数民族地区建设指示》1952年12月7日）在中央的帮助和新疆分局的努力下，到1955年，新疆自治区成立时，少数民族干部已经达到4.6万人。从此新疆地区少数民族干部的培养进一步走上了正轨。国家和自治区把选拔和使用少数民族干部作为实行民族区域自治政策的关键，通过送去学习、加强培训、基层锻炼、异地交流、挂职轮换等多种形式，培养和造就了一大批优秀少数民族干部，少数民族干部队伍的人数和素质大幅提高。有资料反映，到1965年全区少数民族干部达6.7万，1975年为9.3万，1985年为20.2万，1995年为27.2万，2005年为34万，2008年为36.3万，占全疆干部总数的51.25%。为了进一步夯实新疆地区少数民族干部人才基础，从1989年起，中央政府还组织内地80多所高校支援新疆，共招收新疆少数民族大学本专科学生1万人，定向培养研究生640人，培养教师和少数民族教育行政管理干部860多人，培养少数民族经济和企业管理干部1400人，派出一定数量的少数民族访问学者出国进修。到2014年新疆少数民族干部增至41.7万，占自治区干部总数的51.4%。当我们在肯定这些年新疆少数民族干部培养工作的同时，也要看到存在的问题。

近几年，新疆特别是南疆地区曾连续出现暴恐犯罪事件，从事件的本质上看，都与境外敌对势力的分裂破坏活动分不开。事件出现后，中央和地方政府及时采取了有效措施，震慑了罪犯，稳定了社会，教育了群众。这些做法无疑都是正确的，也是必须给予肯定的。但是，至今南疆地区一些极端组织或有极端思想的人还在活动。对此，不能不引起重视和深思。面对这种情况应该看到，除了由于境外敌对势力的捣乱破坏外，是否也与我们在少数民族地区基层组织建设工作不到位，特别是对县处级以下各级干部在培养、教育和管理上存在薄弱环节有关呢？面对复杂的形势，有必要在新疆特别是南疆地区各级党组织中加强对少数民族基层干部培养教育管理工作以再认识。

这几年在调研中发现，新疆少数民族基层干部越来越年轻化，工作很努力，但不少人汉语能力并不是很强，开展工作受到一定限制，而且对我们党几十年形成的民族宗教工作好的传统、做法和经验缺乏深入的学习和继承，特别缺乏应对各种复杂局面的能力。面对改革开放以来的多元思想文化的影响，有时分不清哪些是民族地区在开展工作方面应该坚持的，哪些是错误的。而不少直接面对广大老百姓的县处级以下基层干部思想、作风上存在的问题就更值得注意。

因此，从现实工作看，少数民族地区县处级以下村镇级干部的培养、教育和从严管理更为重要，因为县处级以下这一大批村镇干部直接面对广大老百姓。特别是在少数民族地区，由于地广人稀，广大老百姓见得更多的是那些基层的村镇干部，而这些基层干部也应该是广大老百姓生活中出现问题，思想上出现波动的知情者和反映者，是帮助他们解决问题的指挥者。一旦这些基层干部出现问题，就如一位少数民族基层领导所反映的那样“广大民族地区基层工作就会出现断层，干部严重脱离群众”。结果就是党中央的政策和决策再正确，恐怕也落实不到基层老百姓身上。同样，基层的许多真实情况也很难及时迅速地反映上来，也就不可能把问题解决在萌芽中。在这种情况下，如果在少数民族基层干部中再存在“两面人”的现象，那情况就可想而知了。今年8—9月在新疆南疆调研时，从一些基层党委负责人处了解到，在村镇的少数民族干部中“两面人”的现象还是比较严重的，一些基层干部面对上级领导或组织说的都挺好，但是实际却是又一种表现：不作为，对村里的问题睁一只眼闭一只眼；拿钱受贿，经济不干净；信教，进清真寺；不参加劳动，只让老百姓干活等。面对基层如此复杂的局面，必须要加强南疆地区少数民族基层干部的培养教育和管理，否则，南疆贫困地区的脱贫就是在国家的帮助下一时能够解决，南疆基层村镇存在的稳定问题、干部问题、经济发展问题等深层次问题还是不能真正完全解决。邓小平曾指出：“少数民族地区工作能不能搞好，关键是干部问题。”新疆南疆贫困地区基层干部问题得不到整体解决，目前存在的许多问题是解决不了的。

为此，建议中央组织部门和自治区党委高度关注这个问题，并采取更加积极有效的措施，在加大对少数民族地区各级各类干部培养的过程中，更要特别关注县处级以下各级各类基层干部的培养教育和严格管理，建设和巩固好少数民族地区党的基层组织。为此，有如下几点想法：

第一，自治区特别是南疆地区各级党组织要加强对培养、教育、严格管理村镇级少数民族干部重要性的再认识。关于如何加强对少数民族地区县处级以下各级各类干部的培养，特别是少数民族干部的培养，目前似乎还没有一个完整的统一的有针对性的规划和要求。在调研中感到，在少数民族地区基层起码有三类干部的培养要引起重视，并应有相应的计划：一是县处级以下村镇基层党政管理干部；二是熟悉民族宗教文化方面的管理干部；三是熟悉并能推动当地经济发展的专业型技术干部。建议对少数民族地区在这方面培养选拔工作要有刚性的要求和严格的检查制度。而且，对于在少数民族地区工作的各类基层干部，在培养和要求上一定要一视同仁，不能因为是少数民族干部就可放宽任何要求。总之，对民族地区县处级以下少数民族基层干部的培养，不能放任自流和随意。培养教育是选人用人的前提和基础，要保证有人可选，关键取决于培养工作做得如何，“选秧育苗”工作做好了，选拔时才会有充足的高素质的干部可选，要注意创新选拔制度的建设。总之，要把培养教育少数民族基层干部纳入民族地区各级党委的重要议事日程，各级党委一把手要真正负起责任来，真正做到中央要求的一级抓一级，切实抓实、抓好。要有问责制度，中央和自治区有关部门应该加强督查。

第二，我们党执政60多年来在少数民族地区开展工作方面积累了丰富的理论和实践经验，也有着许多值得深思的失误教训，这些都是我们宝贵的财富。其中关于对少数民族地区县处级以下基层干部的培养教育和管理方面，也积累了不少实际工作经验和教训，应该很好地组织力量加以总结和研究。同时，还要进一步加强对少数民族地区县处级以下各级各类基层干部培养教育如何适应新形势下民族地区各项工作需要等问题的研究。随着民族地区基层少数民族干部的年轻化，应该结合现实，用历史上活生生的教材，来加强对少数民族地区县处级以下各级基层干部进行党的民族宗教工作历史经验的教育，不断提高在少数民族地区工作的各级基层干部处理和解决经济、社会、文化发展各种问题的能力和水平，特别是提高各级基层干部的政治辨别力，增强高度的责任感和使命感。目前，有些少数民族地区在抓基层干部队伍建设中只是强调对地区发展现实需要的一面，而忽视了对党在少数民族地区多年形成的好的传统作风和工作方法的传承。这是需要引起注意的。少数民族地区地广人稀，有些地区处于闭塞状态，在这种情况下如何培养地区发展所需要的各级基层干部和各类人才？如何培养既熟悉民族宗教文化问题，又了解民族宗教政策和管理，又有应对复杂多变形势能力的各级各类基层干部队伍？等等。这些都需要中央有关部门、自治区党委以及民族宗教有关部门通力合作、认真深入研究的。通过研究，掌握好在少数民族地区培养教育、管理县处级以下基层干部的规律和方法，更好地推动民族地区各级基层组织建设，确保地区社会稳定，经济发展，人民生活安定美好。

第三，面对目前南疆地区少数民族基层干部存在的问题怎么办？实际上是提出了如何加强对基层少数民族干部教育和管理问题，这也是个非常现实的问题，是不能回避的。这次调研中看到有的地区党委一把手对基层少数民族干部中的“两面人”现象非常重视，表示要想办法展开教育工作，是非常好的。各级党组织对管辖下的基层干部的教育和管理就是应该利用各种形式常抓不懈，去年以来开展的“三严三实”“两学一做”都是非常有效的形式，仍然可以继续开展。最近刚刚召开的党的十八届六中全会，就全面从严治党提出一系列要求和举措，还提到了反对党的干部中的“两面派”“两面人”的问题，这是对新疆各级党组织各级干部，也包括广大基层干部进行深入教育的最好时机，南疆各级党组织一定要抓紧抓好这个时机，开展对广大村镇基层干部有针对性的教育，尽快地消除在一些基层干部中存在的“两面人”现象。

俗话说，基础不牢，地动山摇。从长远的基层干部教育管理工作看，自治区有关部门应该对目前本地区基层少数民族干部的现状及存在的问题要清楚地掌握，对所有干部的思想状况、政治态度、知识结构、特长技能、健康状况以及家庭社会关系情况进行认真梳理，发现有问题的干部要及时教育并进行相应处理，一定要保证凡涉及基层经济文化各项事业发展、老百姓生活的全部基层组织权力（包括政权、财权、物权）要牢牢掌握在党组织和老百姓信得过、可靠的干部手中。同时，要积极从各行各业和大学生中的少数民族先进骨干中选拔那些经过实践检验是思想作风正派、对党忠诚、能力较强的、适合基层工作的少数民族干部进行培养，放手使用，通过到基层挂职，甚至直接补充到南疆基层村镇工作。当然，在解决本地区少数民族干部的培养教育使用过程中，也要注意从兵团、援疆干部、转复军人以及内地有基层工作经验的干部中选拔合适人员到南疆基层贫困地区挂职工作，在这方面的有关政策应该给予充分的倾斜和照顾。

总之，对民族地区少数民族干部的培养、教育、选拔、管理是一个系统工程，自治区特别是南疆各级党组织要高度重视，要放眼长远，不要走一步看一步，要根据本地区今后的总体发展，制定出长远的少数民族基层干部培养计划，在这个过程还要注意提高本地区的基础教育、高等教育、人才选拔引进、干部交流、管理使用工作，以便构建起与本地区少数民族各级各类干部特别是基层干部培养教育管理相配套的完整体制机制。中央关于“十三五规划”的要求，特别是到2020年实现脱贫的目标明确而艰巨，必须要有一支能带领广大老百姓前进的基层干部队伍，而在民族地区，少数民族基层干部的作用就更加显得重要和不可或缺。

2016年10月

这部分是我在担任第十一届全国政协委员、全国政协文史和学习委员会委员期间，每次参加外出考察或调研期间随手作的一些笔记，文字或多或少，为的是给自己留下些真实而愉快的记忆，也成了自己参加政协活动、认真履职的记录。

——作者

考察天津环滨海新区和河北曹妃甸工业区

（2008年4月23日—25日）

4月，“两会”刚刚结束不久，全国政协文史和学习委员会就组织有关委员参加对天津环滨海新区和河北唐山曹妃甸工业区的学习考察活动。

4月23日上午9时，我们乘坐两辆考斯特面包车从政协机关出发。这次活动由政协文史和学习委员会主任，国家行政学院原党委书记、副院长陈福今带队，共有13位政协委员参加，其中有国务院参事室主任崔占福，中央政策研究室原副主任王天增，中国电影文学学会会长王兴东，新闻出版总署原副署长石峰，中央人民广播电台原台长杨波，故宫博物院研究室主任余辉，民建中央秘书长兼办公厅主任张皎，中国艺术研究院著名画家、博士生导师陈醉，致公党中央秘书长曹鸿鸣，北京大学中文系教授葛晓音，中国文联原书记处书记董良翚，还有部分政协工作人员。这也是我作为全国政协委员第一次参加学习视察活动。

天气很好，11点左右到天津。天津是我的老家，是自己学习、成长的地方。在迎接的人员中看到了老朋友万新平、方兆麟，他们俩都是天津市政协文史委的，也是曾在内蒙古大草原插队的知青战友。没有想到我们的车开进市后，遇上道路拥堵，12点才到迎宾馆。为了抓紧时间，虽然是中午了，没有吃饭，先听取了天津市政协领导的汇报，后市委副书记邢元敏和大家见面。我还见到了中学老同学刘锟，他已经从和平区委调到市政协任秘书长了。吃饭过程中又认识了市政协副秘书长赵天皓，是南开哲学系78级的。实际上邢元敏也是南开哲学系78级的，我是历史系78级的。天地很大，有时又很小。

午休后，大家首先参观了天津著名的五大道，自己从小长在天津，成都道、马场道、睦南道等也是比较熟悉的，但是没有对这些建筑调查了解过。其实老建筑往往代表、体现着当地的历史，更真实、更直观。去年在东欧捷克，看到了有著名城市博物馆之称的捷克旧城，捷克旧城建筑保存的非常好，据说是因为历史上捷克人遇到战争就投降，所以历史上的许多古建筑得以保存下来，也使我们现代人可以了解到古代的历史。应该说天津市政协文史委、地方史志办在这方面做了大量的工作，城市学也是一门学问。接着大家参观了历史博物馆。天津的历史博物馆还是很有内容的。我在天津工作期间，与历史博物馆关系密切，熟人比较多，大学同学陈克已经是馆长了，这位老同学为博物馆的发展建设做了不少工作，其敬业精神是值得称赞的。不论是政协文史委的方兆麟、万新平，博物馆的陈克、市党史研究室的李文芳现在都已成了专家了。看到他们的发展，不断进步，从心里为他们高兴。

4月24日，早饭后出发参观天津滨海新区，看了集装箱码头、国际汽车城。午饭后我们离开天津，出发去唐山。下午5点我们进了唐山。我已经将近20年没有到唐山了，有了不少变化。但引起我深思的，还是1976年的唐山大地震。我会在另一个地方好好地写一篇回忆当年唐山大地震自己参加抢险队救人的情景。

4月25日，天气突变。我们去参观曹妃甸工业区遇上了大风，黄尘滚滚，穿的衣服太少了。虽然天气不好，还是看到了工业区的基本面貌。很现代、很有发展前途。只是感到将来如何做到统筹发展，处理好与天津的关系。中国的许多事情，地方保护、地方利益影响了整体的发展，进入现代社会、现代生产，更多的需要统一协调，科学布局。午饭后我们集体返回北京。这种学习活动很好，经常在机关的同志，应该多下去走走，既学习又了解了许多实际情况，让脑子充实起来。

浙江大运河保护与申遗工作考察

（2008年6月22日—29日）

6月，全国政协文史和学习委员会组织委员开展对大运河保护和申遗工作的考察。中国文物学会名誉会长、著名学者罗哲文先生和我们委员一起考察。据说这项工作已经开展有一段时间了。

6月22日上午10点多，考察团冒着大雨乘机到浙江萧山机场，然后乘车前往绍兴。下午，听取了市委书记张金如关于绍兴市经济社会发展情况和市水利局局长张校军关于浙东运河保护和开发建设情况汇报，然后考察古运河和古纤道。

浙东古运河北起钱塘江南岸，经西兴镇到萧山，东南到钱清，再过绍兴城至曹娥江，过曹娥江以东至梁湖镇、东经上虞丰惠旧县城到达通明坝而与姚江汇合，全长约250里，此段为人工运河。之后，经余姚、宁波汇合奉化江后称为甬江，东流镇海以南入海，此段为天然河道。浙东运河是这一地区河流水脉的中枢和水上交通运输的干道，对经济社会发展起着命脉和保障作用。浙东运河通过钱塘江连接以北运河航线，可直达京城，是中国大运河之南起始端。

运河园的整治是比较成功的，基本达到了本身的设计理念：天人和谐、运河文化、开敞自然。其做法也是比较好的：对运河古水道全线进行了保护；做好“古”文章，文脉相连，古为今用。我认为利用最好的是古桥、古纤道、古石板。如果再有一些历史的内涵就更好了，比如不同历史时期古桥的变化。

考察后有几点想法：

一、古运河园对岸是繁忙的交通干线，车来车往。由于岸边树太少，不论是远看近观，不十分和谐，显得比较乱，破坏了观景后而产生的思古幽情。建议可以栽一些高大树木，加大临街、水岸边树木的密度。最好在运河园中看不见路上车辆来回跑。是否还有其他的方法？还可考虑。

二、这段河道比较长，有四五公里，但没有船，中间可能有两艘木帆船。据说这个景点名为浪桨风帆，副标题为再现千艘万舻。如果这个河道不是运输干线，不如造些小型古木船，载旅游客人，沿途观景，可以有几个码头供游人在景点上下船，费用可以打在门票中。否则，游人走起来也太累。

三、还要提升周边环境卫生的质量。从运河园出来，过桥就是公交车站，环境卫生比较差，马路、便道上丢弃的东西太多。我注意到沿运河马路上的公交车站，似乎都没有垃圾箱，接近市区里才开始看见有了。我想，如果真是把这条运河开发利用起来，周边的环境卫生必须要上个水平。我看过青岛的街道卫生，很值得许多城市学习。

6月23日上午，考察了绍兴的鉴湖，并乘船查看了环城河。下午冒雨乘车到宁波，听取了宁波有关工作的汇报。

听汇报告时，有些不好的感觉，即关于杭甬运河宁波段的情况介绍比较混乱，概念比较模糊。作为与京杭大运河密切相关的，或是可以参加申遗的是哪一段，不清楚。什么时候形成的这段运河也不清楚。运河形成后，给其流域带来了什么样的文化发展，也不十分清楚。例如，河姆渡遗址并不是大运河形成后而产生的。给我的感觉，宁波是想利用大运河的申遗成功，更好地开发利用。而且这段河道，我们乘船参观时，三江口以上甬江这段，似乎是准备申遗的，但运河文化与文化点的关系，并不十分明确。那个天后宫还是有说服力的。总之，我个人认为，宁波这段运河的论证需要再仔细地重新搞一个。

6月24日上午，乘船考察了宁波段运河到三江口，看了庆安会馆、天一阁藏书楼。下午，又是冒雨乘车经新建的跨海大桥到嘉兴。

乘船考察了大运河嘉兴段环城河这段，感受比较深，经过了古杉青闸河、分水墩、历史街区、唐代石碑、三塔等，还是比较有意思的。视察后听取汇报。总体感觉：嘉兴的汇报思路比较清晰，目的比较明确，点和线连接的比较好。三段重点河段想申遗，我个人认为，我们乘船走的这段是比较好的，也就是他们报告中的第一个重点河段：嘉兴大运河穆河至三塔河段。这段运河10公里，自隋唐以来河道一直走向没有大的变化，过去也一直是嘉兴运河的主要航道。沿河有运河形成后产生的文化遗迹。那天我们也都看到了，分布相对比较集中，文化类型也比较多样，时间跨度从隋唐到明清再到现在，很有代表性。

另外两段我们没有看，不是很清楚，但是据说第三个河段，变化比较大，由于不断拓宽，沿岸附近的许多遗迹已经没有了，是个遗憾。

有点想法：

1. 报告中写分水墩，传为隋炀帝开江南运河的遗物，始建年代不晚于唐代，是否经过认真考证，因为分水墩上有唐武则天时修建的分水庵。作为历史还是要更严谨些，最好能通过进一步考证说明。

2. 为什么没有把那个历史街区作为一个点来申报呢？在运河形成年代里，那里是一个货物集散地，也是码头。在运河与人类生产生活的连接上更有说服力。

6月25日上午乘车到湖州，并听取了情况汇报。湖州的报告准备的很好，有情况、有考虑、有问题、有建议，问题提到点上，建议也非常有参考价值。下午，大家考察了古镇。看来还是很有看头的，很有特点。只是这个小镇还没有完全开发出来，只保护了局部，但大部分已经改变了。

6月26日赶到杭州，下午考察西湖。非常美。明天上午开会，晚上准备到12点。

6月27日上午召开会议，听取杭州的大运河、西湖的申遗工作汇报，委员们都做了发言，我也发了言，可惜时间太紧张了。不过谈的问题还是很关键的。下午乘车冒雨视察富义仓文保单位、小河直街历史街区、运河天地公园、运河博物馆。

6月28日上午考察了西溪国家湿地公园，非常不错。过去只知道西湖，不知西湖旁边的西溪也是别有洞天，起码人少，宁静。下午乘船考察了大运河杭州段，从杭州到余杭的栖霞镇，有座名代的七孔石桥，看了古社区。这个地段的修复工作还是非常艰巨的，工程量很大，估计费用不小。

6月29日参观胡雪岩故居、古文化一条街、朱炳仁铜雕纪念馆，都挺不错的。江南真是出人才。下午乘飞机返京。

经过几年的调研考察，2012年，根据对大运河的几次调研，全国政协办公厅拟出了《关于大运河保护与申遗跟踪调研的报告》，并上报中央办公厅和国务院办公厅。

青海高原文化学习考察

（2008年7月28日—8月3日）

7月28日，今天起了个大早，上飞机再睡吧。

这次到青海考察人不多，由原文化部副部长、故宫博物院院长郑欣淼带队，成员有青海省政协原主席桑结加、中国文化遗产研究院原院长张廷皓、故宫博物院研究室主任余辉、全国政协文史委办公室主任陈爱菲和我。虽然是夏季，可到了西宁，感到青海的气候还是非常凉爽的，甚至感到衣服还是带少了。

自己对西宁还是比较熟悉的，2001年自己和单位陈威副主任曾来过一次。几年过去，可以说变化不大，只是有了一些新的大楼、电视塔、立交桥，马路干净了许多。

下午听取汇报，省里安排了不少人发言，看来省里非常重视。

晚上，单位同事李艳杰的同学杨红夫妇来访，谈的很投机，特别是杨红弟弟的身世，引起了自己很大的兴趣，也对藏传佛教产生了一些神秘感。他们走后自己迟迟没有入睡，可能就如他们说的，到高海拔地区，一般人都会这样，属于正常的反应。

7月29日早上起来，天气阴，有小雨，比较凉，有风。我们于10

点乘飞机到格尔木，这是青藏高原的著名城市。没有铁路以前，格尔木是一个进藏的转运站，许多物资都要通过这个地方，经青藏公路运进西藏，因此很有名。今天，虽然有了铁路，它仍然是重要的交通枢纽。城市人口不多，25万多，但资源丰富，是一个不可小视的地方。

下午，我们乘车考察了察尔汗盐湖和生产厂房，机器是法国的。这里还有著名的万丈盐桥。我没有想到全国钾盐的生产，这里占了95%。这里每生产四天的产量就能产生一个亿的价值，厉害。

晚上吃饭时，发现地方同志还是真能喝酒，我们这些人都不行。不过这里的人都非常朴实、好客。青海是个少数民族地区，也是个移民地区，这里河南、陕西人不少，少数民族有16个之多。在内蒙古草原插队后，我才知道到少数民族地区，就要入乡随俗，要考虑少数民族政策的。

7月30日天气阴。为了上昆仑山口，今天把自己可以御寒的衣服全部都穿上了。吃完早饭，我们出发了。心里很兴奋，因为这条路就是青藏公路的起点，虽然只是到昆仑山口，但这是进藏的起步，自己就好像已经起程进西藏似的。这是自己多年的一个心愿。出了格尔木市后，汽车很快就开到没有人烟的戈壁滩，路还是比较平坦的。不久，我们就看见了青藏铁路线，铁路基本是沿着公路修的。可能因为我在内蒙古待过，也可能经常看青藏高原的书，青藏高原上天气、地形、山脉、河流都是那样的熟悉，可又是那样的陌生。一路上，我们还看到了解放军装甲部队，有坦克、装甲车，据说每年部队都要上青藏高原进行演习拉练，环境很艰苦。汽车走了一个多小时，来到一个兵站，这里有著名的昆仑泉水，这个地方海拔是3600米，自己身体还可以，没有什么不好的反应。

路上看到了一列火车在和我们赛跑，还是火车快。在这么高海拔的地方修铁路，真是不简单。一路上在许多重要的桥下、路段都有看护的人员，他们就住在帐篷里，可以想到条件的艰苦。

公路明显地在向上延伸，这时路的左边出现了笼罩在云雾中的昆仑山，还有冰川。可惜有云雾，否则要是晴天，就能看到昆仑山的真面目了。不久，我们已经感受到昆仑山口就要到了，但也就在这时公路出现了问题，到山口的一段公路，由于坡度比较大，而重车的碾压，道路出现了翻浆现象，许多辆重车停在路边。我们的车还真是不简单，在泥泞的辅路上爬坡。终于我们来到了昆仑山口，奇怪，天空下起小雪来，风很大，很冷。这里海拔已经是4772米。我们在山口的纪念碑前照了相。自己心里非常高兴，内心有股成就感，我感到自己又一次战胜了自己，验证了自己的身体，也增加了自己的信心。我这是第四次登上4000米以上的地方，而且是最高的一次了。我要给自己再确定下一个目标了。天气冷的使拿照相机的手冻得很厉害。下山时路过2001年11月昆仑山8.1级地震纪念碑，也留了影，看到地震造成近400公里长的裂缝，很是震惊。

昆仑山口也是进入著名的可可西里自然动物保护区的要道，我们也留了影。想到多少人为了保护羚羊，付出了很多心血，甚至牺牲，自己应该向他们学习。回格尔木很快。下午我们又参观了可可西里保护区公安局。真是不容易，才35个人，要看护4万多平方公里的区域。我们有个想法，应该上个提案，解决这个问题。

晚上，我们坐火车回西宁，上车后很快就进入了梦乡。

7月31日清晨，下了火车后我们返回驻地。吃完早饭，马不停蹄，我们又出发去塔尔寺。塔尔寺地处海拔2678米。这个寺庙群很壮观。2000年时我来过，那时还没有现在这样人多，据说目前有16位活佛、760名学员。有些寺庙修的金碧辉煌。活佛出来接见我们，介绍了寺庙的情况，随后带我们去参观。中午后，我们乘车去循化撒拉族自治县，参观了清真大寺。这个清真寺是专门为一部手抄古兰经而建的。据说这本古兰经是撒拉族的祖先从中亚移民迁徙到中国时带过来的。世界上只有三本，目前其他两本不知在何地，所以中国这本就显得非常珍贵了。古兰经是写在牛皮上的。后来我们又参观了骆驼泉遗址，正在建设，但是设计的不太好，我感觉太汉化了。通过参观，对撒拉族有了不少新的认识。这个民族有语言，但是没有文字。县域整体基础教育还有些问题。

晚饭前后，我们走了一下循化县城。虽然是少数民族县城，但民族特点不足。县城周围的地貌却很有特点。这个县城四周环山，是丹霞地貌，非常壮观、干净。黄河从这个县城边流过，水很大。每年这里还要搞横渡活动。可惜，旅游业并不是非常活跃，还是宣传的不够。交通还可以。县里如果建一座博物馆就好了，可以把撒拉族的历史发展情况系统地介绍宣传。记得我在云南看过白族的博物馆，内容挺丰富，可以给观众留下许多东西。

8月1日上午，我们从县城乘车前往位于循化撒拉族自治县文都藏族乡的十世班禅大师的故居，文都藏族乡境内，地势渐高，路边藏传佛教风格的白塔提醒着我们已经进入藏区了。大师故居位于公路边不远，是一座藏族风格的民居，故居不远处有棵大树。负责管理故居的是两位僧人，在他们的带领下，我们参观了故居和展室。故居布置的肃穆简洁，陈列着大师及其父母的照片，还有一些国家领导人的题词。在一间小屋供奉着大师生前讲法的宝座。附近的文都寺是大师幼年学经的地方，现正在建成十世班禅大师的纪念馆。在著名的文都寺里，香火还是很旺的。在全寺最重要的大黑天护法神大殿我们还参观了一次法事。我们进到一间很黑的殿，没有任何灯光，只有几盏酥油灯发出幽暗的光，阵阵鼓声在耳边响起，活佛手摇铜铃在诵经。整个仪式完后，活佛还送给我们每人一条金黄色的哈达，说是保佑平安的。

下午，我们在循化县听取了县政协学习工作的汇报。饭后，我们乘车赶回了西宁。

8月2日早晨起来，发现天气出奇得好。到青海几天来都是阴雨，可今天天晴了，蓝天白云。我们出发去青海湖，路过日月山，发现比七年前我来时漂亮多了，管理的也规范了。青海湖边也比过去热闹多了，游客多了。我们坐快艇在青海湖上转了一圈。中午在金银滩吃的饭。当年我在这里吃过饭，那时还是非常简陋的帐篷，现在已经是成片的蒙古包旅游点了。蓝天下显得非常美丽。金银滩是王洛宾做《在那遥远的地方》歌曲的地方。下午我们参观了原子试验基地和展览，不由想起当年我们国家在发展两弹一星时期的艰苦时期。当年保密的地方，现在已经成了爱国主义教育基地。

山东经济学习考察

（2009年4月20日—26日）

4月，全国政协文史与学习委员会组织部分政协委员赴山东就“新中国成立60周年经济社会发展成就”进行学习考察。

学习考察活动由全国政协文史和学习委员会副主任、中央档案馆原馆长毛福民带队，参加的委员中又是不少老熟人，其中有中国空间技术研究院原院长戚发轫、首都师范大学文学院院长左东岭、全国政协文史和学习委员会办公室主任陈爱菲等。

考察团主要是在青岛、威海、烟台三个城市进行了考察，应该说这三个城市都是山东的经济发达地区的代表。海滨城市，非常美丽。每到一个城市都是先听汇报。各地市委、市政府对全国政协的考察都是比较重视的。

在青岛主要参观了劈柴院，相当北京天津的天桥、南市等地。还参观海尔集团、海信集团、崂山、五四广场、青岛啤酒博物馆；在威海参观了环海路、威海公园、威海造船厂、黄海造船厂、刘公岛；在烟台参观了养马岛、国际会展中心、体育公园、张裕葡萄酒集团、蓬莱阁等地方。

我认为青岛可以称得上是一个国际化的城市，街道很干净，因为城市建在丘陵地上，坡路比较多，所以看不到骑自行车的。

四川、广东农民工培训工作考察

（2009年6月21日—30日）

6月，全国政协提案委员会就农民工的职业培训问题组织有关单位、部分政协委员到四川、广东考察。此次考察是由今年全国政协会上自己的一份《关于加强对农民工进行职业技能培训的提案》引起的。“两会”后，我的提案（第3869号）被全国政协确定为重点提案之一，所以要由提案委员会组织专门考察。此次考察组规格比较高，由全国政协副主席李金华带队，提案委员会部分委员以及国务院有关部委同志参加。因为我是提案人，所以也被邀请参加。

6月21日，考察组到四川成都。下午就开始听取省有关单位对农民工培训工作的汇报，看来问题是不少的，值得研究的问题也挺多。省政协副主席解洪在总结讲话中还向我专门表示感谢。之所以到四川和广东，是因为四川是每年输出农民工的大省，而广东东莞、深圳又是接收农民工的主要地方，很有代表性。

6月22日至24日，专门听取了成都市农民工的职业技能培训工作的介绍，我们还与农民工进行了座谈；又到眉山市（也叫眉州），在岷江边上，环境很不错，这是三苏的故乡，最熟悉的是苏轼（苏东坡）。

6月25日到了广东，听取了广东省的工作汇报和广州市的汇报，参观了番禺的农民工培训工作基地。晚上与省党史研究室陈主任等人见了面，参观了他们新的办公地点和机关老干部活动中心。

6月26日到了东莞，东莞这些年建设的还是真够漂亮，马路宽，绿化好，也很干净。1996年曾到过东莞，那时还是比较乱的。现在有不少人说东莞像欧洲，也是可以的。特别去看了松山湖现代科技园区，建设的还真有水平。听人讲，这还是东莞领导顶住各方面的压力，决定占地开辟出来的。

离开东莞前见了东莞党史研究室陈立平主任，还到他们的办公地点去看了看，也是不错的三层小楼，够自己用了。晚上他又陪我去东莞的广场看了看。

6月28—30日，我们到了深圳，这里的农民工培训工作搞得不错，特点比较明显，市政府重视（表现在政策引导，宣传教育，氛围打造，基地建设，网络信息，资金投入，监督评估），深圳的农民工素质比较高，企业对农民工的培训也有积极性。还去了东部科技城看看。利用空余时间与深圳市委史志办的同志见了见面。深圳史志办的同志非常能干，特别是他们的女主任黄玲，这也和深圳这个城市大的氛围有关。

随考察组一起来的人民政协报记者江迪也很快把报道稿写了出来，主要是谈农民工培训为何遇冷，结尾处引用了我说过的话：“千万不要轻视农民工的意愿。很多农民工在外闯荡多年，自己做的比培训老师教的还高，也非常清楚自己的职业定位，对太过初级的培训，他们是不屑一顾的。”所以，建议各地政府及培训机构在开设课程前应多听取农民工的意向。政府可以采用发放培训券的方式把选择培训机构和课程的权利交给农民工，这也可以督促培训机构进一步顺应农民工的需要来确定培训的内容。实际上这还只是一方面，地方培训机构的建立和课程的设置，应该和当地经济社会发展的需要紧密结合起来才行。

6月30日，我们结束考察返回北京。很快考察组就形成了《关于加强农民工职业技能培训工作的调研报告》，于8月10日由全国政协办公厅报送中共中央办公厅和国务院办公厅。

8月12日，人力资源和社会保障部就我的提案给予答复；同时我也就对此次提案的处理意见复函全国政协提案委员会，表示满意。

陕西西安事变资料征集工作考察

（2009年7月6日—9日）

根据全国政协文史和学习委员会的安排，7月6日西安事变资料收集研究小组一行五人，在全国政协文史委副主任、国务院原副秘书长崔占福领导下，对陕西在西安事变资料收集整理研究方面的工作进行考察。作为全国政协文史委的委员，也是不久前才知道，在全国政协的历史上，曾经专门成立过西安事变资料征集研究组织，据说还是周恩来批准成立的。杨虎城的儿子杨拯民曾经负责过这项工作。杨拯民也曾是天津市的老领导，他的女儿杨琪与我是天津市十六中的同学，其弟杨瀚是全国政协委员，为陕西西安事变研究会会长。经过杨瀚的努力，本届全国政协批准成立了西安事变资料收集研究小组，并于去年11月召开了该小组第一次会议，通报了一些情况，研究了一些收集西安事变资料的具体工作。

在西安期间，我们召开了西安事变资料收集研究专题调研座谈会，听取了有关方面的工作汇报，参观了华清池、张学良公馆、杨虎城别墅（止园）。在西安期间，我还见到了南开大学同学陈学凯和曹秀君夫妇。

座谈中我提出了筹建西安事变纪念馆的建议，因为感到目前利用张学良公馆搞的西安事变纪念馆有一定局限性。记得后来由杨瀚牵头，我们五位政协委员写了一份提案，是关于建设西安事变纪念馆的，得到了陕西省政府的回复。

江西红色资源考察

（2009年9月1日—9日）

9月1日上午，由全国政协文史委驻会副主任卞晋平率领的全国政协红色资源调研组一行10余人飞往江西。组员有彭德怀的侄女彭钢、董必武的女儿董良翚、周恩来的侄女周秉建，还有中央政策研究室原副主任王天增、中国电影文学会会长王兴东、中国空间技术研究院原院长戚发轫、中国革命博物馆原馆长夏燕月和我等。下了飞机，感到了江西天气之热。

此次江西调研内容，对我来说符合自己从事党史工作的性质，应该也是自己分内的事，一定要借此机会好好了解一下情况。另外此次走的地方，也有不少是自己没有去过的，还有不少是近几年新建成的纪念馆，借此多了解一些情况。

南昌的八一起义纪念馆就是新建的，总体看，新馆的内容还是可以的，但是由于受地方的限制，显的狭小了些，设计的也死板了些。对于看到的南昌市建设发展规划，尽管是比较现代，但我发现，所有待发展的城市设计怎么都是一个模式，感到非常困惑，难道我们的现代化城市建设的远景就是这样的吗？今年到东莞、深圳看到的城市远景规划，基本也是这样的模式。

去上饶，我是第一次，但早就知道上饶集中营，原以为当年的监狱肯定是森严壁垒，阴森森的，没有想到只是一个小监狱，感觉不到当年那种残酷的景象。监狱外面就是车站，卖东西的、等车的，太热闹了。波兰的奥斯威辛集中营的遗址四周很安静，便于思索，能让人们联想到法西斯的统治。而我们这里似乎还感觉不到的。另外有些画面，画的不是非常好，看不到革命者的英勇坚强。有的照片也是太模糊，观众什么也看不出来。看来，应该多从如何更好地教育广大群众去考虑、研究展览的内容和形式。

去横峰，对我也是第一次，这里是闽浙赣革命根据地所在地，有些遗址还是保留下来了，总的说还是不错的，但是确实存在应该怎么保护、修复和利用问题。目前几个遗址的布展比较简单，看来当地资金有些问题。

去瑞金，我已经是第三次了，发现又有不少变化。应该说瑞金的革命遗址保护和利用都是不错的，从旅游资源上来说，也是比较成熟的。只是，现在把遗址集中在一个似公园的范围内，遗址环境与当年的背景有很强的反差，可能会使观众的感受不是那么强烈了。如果能增加一些背景式的，又能够反映当年历史的表现形式就更好了。

我们还去了于都，这里是红军开始长征的出发纪念地，当年是彭德怀率领的先遣部队从这里渡河，开始了长征。渡河纪念地地点很宽阔，我认为搞好了是一个不错的纪念地。只是展览的版面有些简单，如果重建可以搞得更好一些。纪念碑上的字最好不要使用铁的材料，下雨后容易生锈。

去兴国，也是第一次。所有看到的都是纪念场馆。说明当地注意充分利用了本地的红色资源，遗憾的是没有看到一个遗址。不知这里遗址保护的如何？从这里的领导看，是想多干些事，但是也要避免出现人为打造景观现象的出现。据说目前许多纪念园之类的场馆，都是原来的县委书记组织建设的。听说还要建名人园，县长也表示还要建长岗乡调查纪念园，不知为何搞这么多纪念园？我觉得还是要提倡节约办事，总归这里是老区、是贫困地区。我个人认为如果有革命遗址，应该好好保护，发挥其作用。千万不要人为地建设什么景观，劳民伤财。

调研组来到井冈山，这里自己是来了多次了。井冈山是比较成熟的一个红色纪念地，也是一个旅游地。建设得不错。又开发了许多新的绿色景观。只是感到新建的井冈山革命博物馆的解说词还是要注意审查，要提升质量。

到萍乡，对自己也是第一次，环境是可以的，可以充分反映近代以来我们的工业，特别是煤矿工业的发展，遗址也保存的比较好。可以说革命历史资源是存在的，但由于体制的问题，似乎有些还没有完全利用起来，如盛公祠，到现在还是空着的。

总之，此次在江西调研，从北到南转了一大圈，自己受到了不少教育，也增长了不少知识。但是也听到了一些问题和意见，如关于红色旅游资源多头管理问题、免费开放后发展资金缺乏问题、地方的红色资源缺乏专业研究人员问题、各级档案部门如何支持问题、红色资源如何整合和形成红色文化产业问题等等。在最后的总结会上，我提出了两个建议，一是如何进一步保持红色遗址遗迹原真性的，二是应该把红色资源的保护和利用作为全国政协文史委的一个长线工作，继续把这项工作做起来，不要停下。

在此次调研的基础上，全国政协文史委进一步征求文史委委员的意见，最后形成了《关于江西省红色资源保护利用与可持续发展的调研报告》，上报中央办公厅和国务院办公厅。

安徽大运河保护与申遗工作会议和考察

（2009年11月3日—6日）

11月3日，就在北京第一次降温后，又在全国政协文史委组织下到了安徽淮北市，参加第五届中国大运河文化节大运河保护与申遗高峰论坛。为了参加此次会议，我撰写了一篇文章，题目为《再论大运河申遗必须坚持保护第一位的思想》，这是继去年参加淮安第四次论坛发表文章《论大运河申遗必须坚持保护第一位的思想》的续篇。在会上还见到了天津的老朋友万新平。

对自己来说，这是第一次到淮北，这个城市还是可以的，据说已经从过去的煤城变成了“三山、六湖、九河”的环境宜人、生态良好的宜居城市。除了开会，我们还参观了隋唐大运河博物馆，这个馆主要陈列了1999年隋唐大运河柳孜码头遗址挖掘出土的大量文物，还真是有不少好东西。当年这个遗址被评为中国考古十大发现之一，并成为全国重点文物保护单位。隋唐大运河博物馆的馆名是中国文物学会名誉会长罗哲文先生写的。罗老这个人真是不简单，80多岁了，头脑清晰，说话清楚，腿脚利落，没有架子，平易近人，真是个大师级的学者。晚饭喜欢喝少许酒，吃几粒花生米。我们还参观了柳孜码头遗址和百善隋堤遗址。说实话，自己在上学时对考古也是非常感兴趣的，总觉得人类历史上有许多我们不熟悉、不了解的东西，除了文献，考古是最能发现新情况的。路上，还听了政协委员刘庆柱夫人（她是中国社会科学院考古所的）介绍阿房宫发掘情况，很有意思，司马迁《史记》上有秦始皇修建阿房宫的文字，后人都以为历史上真有阿房宫。但通过他们六年的发掘，却发现只有一个方圆很大的土台地基，并没有任何建筑。也就是说，阿房宫是一个虚构的传说。

我们还参观了刘开渠纪念馆。对刘开渠，自己还是比较了解的。去年自己曾经审过一本反映人民英雄纪念碑修建历史的书，其中就有介绍刘开渠的情况。这是一位著名的雕塑家，这次来到了他的家乡。

在徐州，我们还参观了汉画像石博物馆，在山西吕梁市也看过当地的汉画像石博物馆，看来汉代是非常兴用画像石修建陵墓，表现了当时丰富的文化内涵。不过各地都是这样修筑，有些千篇一律，如果再有比较就好了。还看了龟山汉墓，是汉王刘注的陵墓。一座石山，怎么开凿的这么整齐？古人似乎比今人还聪明。又参观了一家私人博物馆，也是不简单的。另外参观了著名的淮海战役纪念馆，对内容和设计都有些看法，比如：该馆的外形设计缺乏特点，颜色也比较沉闷，色调太暗，不如平津战役纪念馆。从内容看更多是反映军事方面，党的活动、人民群众的活动总的看比较少。

南京西安事变资料征集查档活动

（2009年12月7日—11日）

根据全国政协文史委的安排，西安事变资料收集研究小组于12月7日来到江苏南京，到南京第二历史档案馆查阅有关西安事变的档案资料。全国政协文史委有好几位同志参加此次活动，如全国政协文史委的李松晨、齐立兰、杨瀚等，我也跟着到了南京。

这次查档进展还是比较顺利的。一个是走之前，中央党史研究室蒋建农告诉我，他的同学在那里做副馆长，提前打了电话，他们做了准备；省政协也提前通知了档案馆，馆长兼着省政协文史委的职务，也是北京过来的，因为第二历史档案馆归国家档案局管。因此，南京二档馆非常配合，也非常客气。用两天半，基本把能够看的全看了，而且不用抄，他们全部给复印了。

查档期间，我们也利用空余时间在南京参观了一天，主要是阅江楼、秦淮河、夫子庙、紫金山天文台等地方，有些我也是没有看过的。然后又到镇江市参观了一天，看了焦山、金山、西津渡老街，还是比较有意思的。看来自己有时间后还是要多看书，包括过去已经看过的古典名著。把这些年自己已经到过的地方的文化背景可以串联起来，可以更丰富自己的知识和阅历。读万卷书，走万里路，这也是自己在参观中悟到的一个想法。

广东四市学习工作考察

（2009年12月20日—26日）

12月，跟随全国政协文史和学习委员会到广东考察地方政协组织学习工作的情况。参加这次考察的人大部分是熟人，组长是全国政协文史委驻会副主任卞晋平，还有北京市政协原主席程世娥、青海省政协原主席桑结加、中国曲艺家协会主席刘兰芳、中国电影文学会会长王兴东，加上我一共是六位委员。

第一站是广州，20日当天下午和省市政协同志进行了座谈，我没有发言，因为大部分内容是政协内部的学习工作讨论，还是多听听为好。广东政协办的《同舟共济》杂志比较好，针对性强，也敢讲真话。21日早上吃完饭，我们参观了陈家祠和西汉南越王博物馆。看到广州市民的晨练还是不错的。当天晚上和中央党校的同学郑红见面，聊了聊，挺好。

22日，我们出发去肇庆市。说起来，肇庆应该是我的老家了，或者说是半个老家，因为是我妈妈的故乡，还是很有感情的。听姥姥说，解放前肇庆在广东是比较穷的地方，靠近西北部山区。历史上许多肇庆人都是往外地跑，据说姥姥、姥爷当年就是逃离家乡的。找个机会，在可能的条件下，应该带妈妈回来看看。改革开放后，肇庆才逐步发展起来。在肇庆期间，除了工作调研，还参观了鼎湖山和七星岩风景区。一个比较不太发达的地区，要真正发展起来，恐怕还需要一个过程。

24日我们到东莞市。东莞这个地方我已经来三次了，1996年还在天津工作时，曾到此参加中央党史研究室召开的关于《中国共产党历史》上卷的修改讨论。今年7月也是和全国政协提案委员会来此，为解决农民工进行职业技能培训问题进行调研。此次就是第三次了。除了座谈，还去参观松山湖和展览馆，看了一个古村落和一个岭南风格的可园建筑，还是不错的。

25日赶到深圳。在深圳的时间比较紧，当天下午进行了座谈，又去了东部华侨城，看了博物馆。傍晚去看了看原在天津就认识的朋友霞光，她是在深圳电台工作，还真巧，她和深圳的政协常务副主席姜忠是好朋友。世界还是太小了。26日晚返回北京。

调研过程中，自己对政协组织加强学习这个环节也有了进一步的认识：政协组织不同成分的组成和政协工作的特殊性，决定了政协组织加强学习这个环节的重要性。通过加强学习这个过程，进一步了解中国共产党在现阶段的路线、方针、政策。我不知道政协组织内是否有些党派、有些人员会对中共的一些做法有不同意见，不过就是有些不同想法，也是可以求同存异、共同前进的。所以学习这个环节是不能少的。听说政协内各党派的学习活动归统战部管，我认为，由政协组织来负责更好。另外，政协组织通过抓学习，还可以提高每个政协委员和不同党派人员履职的水平和能力，以更好地参政议政。从学习的内容上，我个人认为除了现在中央规定的理论方针政策外，应该加强对政协成立历史、参政历史、与中共同心同德共赴国难的历史和有关经验教训的学习。这样才能不断提高政协组织中的年轻干部以及各党派中年轻成员，更好地了解过去走过的历史，以提高对中国共产党、对政协组织、对统战工作的认识。学习的形式当然可以灵活多样，其实外出调研、考察、视察等都是学习的好形式。

福建海西经济文化考察

（2010年5月20日—27日）

5月，由全国政协文史委组织的福建海西经济文化考察开始了，人还真不少，24位，有不少熟悉的委员，也有一些新的面孔。又是一次很好的学习机会。

20日下午我们一行乘飞机离开北京，晚上到了福州。21日上午我们先参观了林觉民故居，也是冰心故居。同一个屋檐下先后走出了两位大写的人，一位为砸烂旧世界而英勇赴死，一位为建造大爱基石而毕生从文，都是令人钦佩的。故居旁边就是南后街，这是一条中国文化历史名街，与北京的琉璃厂齐名。确实很有文化内涵，但是整条街的修复似乎缺乏研究，从房屋的建造、布局，颜色的安排，环境的打造等。看来有文化底蕴和真正通过深入研究，把文化底蕴真实地表现出来，还是有区别的。

接着我们又参观了著名的近代历史人物、虎门销烟的主帅林则徐纪念馆，这个馆是林家的祠堂，后来当地政府利用它改成了纪念馆。整个内容是不错的，很丰富。特别是林则徐的思想，为人处世的做法，很多是值得令人学习的。他的一副对联“白头到此同休戚，青史凭谁定是非”引人深思。他还在给家人的信中写道：“做官不易，做大官更不易，我是奉命唯谨毕恭毕敬。”真是不容易啊。还有十个无益思想也是值得人深思的：“存心不善风水无益，不孝父母奉神无益，兄弟不和交友无益，行止不端读书无益，心高气傲博学无益，做事乖张聪明无益，不惜元气服药无益，时运不通妄求无益，妄取人材布施无益，淫恶肆欲阴啾无益。”参观过程想起了大学同学林武，他是林家的世孙，据说现在国外发展。下午，我们参观了位于马尾的中国船政博物馆，这个地方我已经是第二次参观了，去年在福州召开全国党史人物研究会换届会后，曾去看过一次。后来又看了昭忠祠，是纪念在中法马尾海战中牺牲的将士而建立的。

22日上午，我们继续参观福清市海口镇弥陀岩，那是600年前当地人用原地的一块巨大山石刻的弥勒佛，福清当地非常传统的就是石刻工艺。石雕厂特别多。我们还去了民营企业福耀集团，是做汽车玻璃的，我早就知道福耀玻璃，但不知道是福建当地的企业，这是不错的民营企业。下午，我们去了惠安崇武古城，也才知道惠安女是怎么回事。当晚住在了泉州。20世纪80年代我从福州去厦门时曾路过泉州，那时只知道泉州是一个比较富裕的侨乡，刚刚改革开放，没有什么高楼，现在可不一样了，真是高楼林立，非常热闹。

23日，在泉州市内参观了几个博物馆：海上交通博物馆、伊斯兰教在泉州、闽台缘博物馆。还参观了开元寺的著名东西塔（全国有四大名塔：泉州东西石塔、西安大雁砖塔、山西应县木塔、河南开封铁塔），没有想到的是当年阿拉伯有这么多人到泉州来，并永远留在了这里。下午我们先去了清源山，看了老君岩的老子石刻，也是一块岩石雕刻的。后去考察了几个民营企业，包括七匹狼服装、富贵鸟鞋、帝牌服装等。

24日，上午离开泉州，去了漳州的安溪清水岩，这也是一处佛国洞天所在。这几年我一直在思考一个问题，作为执政党如何处理好与宗教的关系。记得前几年在藏区调研时，遇到一位藏族地方领导，他曾在与自己聊天中说，我们作为共产党的干部要更多地了解当地的宗教，才能更好地开展工作，而不是害怕宗教，不敢接触宗教，如果都是这样，我们的干部不就脱离群众了吗？我觉得他的话是有一定道理的，特别是在少数民族宗教活动比较多的地区。参观结束时，寺院住持还给我们每个人一个护身符。不过，他们供的这个神不知是什么神，反正老百姓愿意就可以了。放炮可是不好。但据说这也是当地的习惯。下午我们去了铁观音集团，参观了中国茶文化博物馆，进一步了解了铁观音的情况，不过他们称自己为中国茶都，我觉得不妥。傍晚赶到了漳州。说实话，漳州给我的印象不错。

25日，今天从漳州去南靖看客家土楼，这也是自己早就想看的地方，记得去年在福州开会后就想去，但当时安排不了，只好作罢。此次安排去看南靖土楼正合我意。这个土楼确实非常值得看，特别是田螺坑土楼，住的基本都是姓黄的。很有意思。福建姓黄的基本都是江夏黄。据说，还有个国际笑话，美国侦察卫星曾把南靖的土楼认为是火箭发射基地，真是有意思。在参观中，感到作为刚刚开发的旅游项目，土楼建筑还缺乏很多的内涵和配合土楼的文化产业。 下午赶到厦门，很快和大学同学潘杭军联系上了，她在厦门日报社工作，我们也是多年没有见面了。

26日，上午我们参观了鼓浪屿，这是个美丽温馨的海岛，20多年前，自己来过，记得当时自己没有带游泳裤，穿着内裤就下海游泳了。那时自己正在厦门大学参加中国近现代史培训班学习。当年的几个好朋友都已经联系不上了。在鼓浪屿的一家钢琴博物馆里，有幸听滕矢初委员即兴弹奏了一首曲子。下午我们又参观了一个台资企业，是搞显示屏的。随后又去了大嶝岛，参观了1958年8月23日炮击金门的阵地，进一步感受了当年那种台海紧张的氛围。特别是当年对台进行宣传的大喇叭，给人留下深刻的印象。152加农榴弹炮当时在炮击中打伤的国民党高级将领有俞大维和吉星文等。最后到小额贸易市场走了走，什么也没买。福建之行整个活动内容非常丰富。

27日上午在座谈交流中自己谈了几点感受：一、中央批准的海西经济建设的政策是完全正确的，也是一个带有战略性的决定，这也是认真总结了多年以来把台湾作为假想敌的极“左”政策后，真正地开始了福建浙江沿海的经济建设，也标志着与台湾的热战或冷战的状态的结束。二、海西经济建设体现了从民族出发，从以人为本的思想出发。海峡两岸，地缘相近，血缘相亲，文缘相承，商缘相接，法缘相循，如果总是以敌对出发，两岸人民是不可能走到一起的，这一政策符合民心、民意。三、民营经济发展成为海西经济发展的主体是历史造成的，但仅仅靠民营经济还是带动不了整体经济实力的提高，应该加大国家的投入。四、海西地区地方文化内容比较丰富，如何传承、如何保护是很需要认真研究的。目前可以看到福建做了不少工作，但问题还是存在的，主要是各地各自为战，缺乏深入研究，比较随意，需要进一步规范。五、海西经济建设刚刚开始，如何处理好发展建设与保护开发的关系恐怕是需要认真对待的。

云南百年米轨滇越铁路保护利用考察

（2010年9月9日—20日）

2010年9月9日，在全国政协副主席陈奎元带领下，全国政协文史委委员23人和铁道部、国家发改委、国家文物局、国家旅游局以及云南省政协等有关部门负责人共50余人，开始对云南百年米轨滇越铁路保护利用问题的调研。这次调研队伍庞大，规格高，要求严。好在参加调研的大部分是熟悉的老朋友，还是比较开心的。

9月10日上午，听取了云南省副省长刘平关于百年米轨铁路保护利用有关情况的汇报。这条滇越铁路南北纵贯中国云南昆明和越南海防，全长854公里，轨距1米。其中在中国境内昆明至河口全长465公里。法国人于1910年建成。随着2012年泛亚铁路东线要建成通车，这条滇越铁路还用不用成为焦点。从汇报来看，这些米轨铁路面临着如何决策的问题，铁路部门和地方政府还有些不同认识和看法，铁路部门是要废掉，地方政府是想保留住。下午，参观了铁路博物馆，应该说铁路部门在这方面也做了不少工作，保留了不少文物。云南陆军讲武堂过去自己没有看过，其实还是很有内容的。云南历史上出了不少人物，特别是李根源，还是很值得研究的。晚上看了《云南映象》歌舞，内容还可以，只是比较粗，舞美也不太好，只是给大家一个初步印象吧。

从11日开始，几乎就是每天一个地方的跑了：玉溪江川县（李家山博物馆）、华宁县（盘溪火车站）、蒙自县（听取红河州政府汇报，考察哥胪士洋行、海关旧址、碧色寨火车站）、河口县（河口铁路大桥、山腰车站）、元阳县（哈尼梯田）、建水县（团山古镇、文庙）、石屏县（石屏火车站、老州衙、状元故居）、昆明市（民族村），应该说十天下来还是感受到不少东西，对云南滇南的风土人情以及百年米轨铁路有了一个比较清楚的了解。在考察调研中也形成了自己的初步想法，对这条有百年历史的铁路最好能够保存下来，并能够把它开发成旅游观光铁路最好。有人说那是殖民主义侵略下的产物，其实历史已经说明，不论是人类社会和自然界，都是从矛盾走向统一的，社会进步过程中必然要伴随着阵痛、流血，就如同孩子从母亲体内出生一样，这是难以避免的，任何一个新的事物的产生都要经历过这个过程。先进战胜落后，这是必然的法则。今天吃殖民主义遗留的饭的现象还少吗？天津的五大道、意大利风情街、房地产中的别墅现象，如果今天我们思想还是采取排斥的做法，中国永远也前进不了。在米轨铁路线上有座百年的铁桥，是当年法国建造埃菲尔铁塔那个公司建的，据说至今铁桥上任何一个零件都没有生锈和损坏，可惜是这个桥在很高的一个山涧上，路非常不好走，我们没有能上去。

云南铁路考察过程中，最使我有感触的是云南的少数民族文化的丰富和大自然的秀美。说起文化，石屏的花腰舞最让人兴奋，看到那些女娃子们自然活泼热烈地拍手跳舞，令人赞叹，甚至自己也想去跳跳。据说，为什么她们跳的那么快，是因为她们的祖先要在火堆上跳，跳的慢，就会烧着脚的，所以她们要飞快地跳，似乎都不休息。

9月19日，考察结束了，大部队要回北京了，我决定留下来，利用点时间再看一看，特别想考察一下花腰舞。这样20日和几个朋友开车从昆明又返回了石屏。县文化馆的同志陪同我们到了哨冲镇的一个村，是花腰舞的发祥地，叫慕善村（以前可能叫水瓜冲村），这个村的两位老党员（老村支部书记孙正尧、村长李朝恒）接待了我们，这是个彝族的村寨，还是比较有特点的，但是保护还是有些问题，其实应该想办法把村寨原始状况保护下来，让居民统一搬迁出这个村寨，在附近重新盖起房子，当然这个老村寨也是要有人住和管理。另外叫人比较佩服的是这个村子在开展文化活动传承花腰舞方面几十年来做了大量的工作，自发地搞起了乡村展览室，有反映20世纪五六十年代、70年代，如何给群众放电影，如何开展文艺演出的，还有把老百姓手中即将要灭绝的生产工具、物品进行收集陈列的，更让人欣慰的是这个村党支部在整个传承文化活动中发挥着主心骨的作用，这是了不起的。唯一遗憾的是，这个村只靠农业，经济发展还是受到影响，有时出去演出都没有钱，乡亲们自己筹，奇怪的是为什么政府或有关组织不给资助。他们有30多人曾到苏州、漳州等地演出，还曾远到中国香港、美国演出，但是上面不给他们一分钱，所有演出服装都是农民自己的。这是不合理的。据说在香港演出时，同是云南出去的，香格里拉县的领导就带了十万元。为什么石屏就这样呢？这也是我想为他们呼吁的一个内容。另外，他们还反映了一个问题，彝族的花腰歌舞属原生态的文化遗产，是一件事，但是申遗时，却要分为歌和舞两件事。

第二天，我们离开石屏，顺高速路经建水、沙甸，向弥勒县进发。我们的原意是要看看近代著名教育家熊庆来的故居。可没有想到他的故居就在我们走过的路边。这样当我们到了弥勒县一打听，才知道我们已经走过了，时间不允许再返回去了。为了弥补一下遗憾，就去了庆来中学，没有想到这所中学让自己大开眼界。原来以为这个县不太重视文化教育，可看了这个中学，我的看法变了。这所中学的建设简直就是国外中学、大学的翻版。不像是在中国，典型的欧式，或者说美式：面积很大，宽阔的草坪，起伏的丘陵上是绿草、树木，树中有座座教学楼、学生宿舍、办公楼，还有露天游泳池及多个足球场、篮球场，干净的马路，宁静的校园。是学校，又像是个大花园。但是仔细了解，发现这个学校也存在些问题，那就是过于西化，没有和国内教育接轨，以致使这个学校出来的学生参加不了国内的升学考试，学习成绩很低。

从弥勒经过石林，晚上回到了昆明。

次日，我们又开始了腾冲之行，从22日至25日，又圆了一个去年没有完成的梦。腾冲地方不是很大，但是个非常理想的居住地，很有文化内涵，也很有些特别。腾冲是抗日战争时期，滇缅公路云南段的起点，可以说为了修建滇缅公路这里的人民做出了巨大的贡献，也是滇西抗战的主要战场，这里的人民做出了巨大的牺牲。著名民主人士李根源就是这里的人，这也是我们从事党史研究工作需要注意的一个问题。我们参观了国殇墓园，里面静静地安放着3000多名抗日战士的遗骨，纪念堂也是肃穆之极，不由让人去怀念他们。而且多少年来没有人去破坏这个地方，也反映了腾冲人的心理。

腾冲这个地方还有一个特点是历史上火山多，目前都是死火山，不过不高，才100多米，有意思。再有就是温泉比较多，有著名的热海，我们也去参观了，地下水有100多度，可以用它的热气蒸熟土豆、花生、玉米等，我们还泡了温泉，待遇很高的一种享受。

腾冲地区的文化也是比较有特点的，因为历史上这个地方是出国的要道，马帮队比较多，中原文化和地方少数民族文化，以及东南亚文化交汇，所以文化内涵比较深。和顺是中国十大历史文化名镇之一，很安静，很像是世外桃源。没有想到著名的哲学家艾思奇是这里的人。参观了故居，看了有关陈列，勾起了自己要写篇文章的想法，题目也已经想好了，叫《艾思奇与中国共产党的马克思主义中国化》。和顺，如同这个名字，和睦顺畅。我在想，我们现在提倡和谐社会，其实历史上我们不是没有这样的实践和标杆，关键是没有好好研究为什么能够在各种时代中可以出现，这就是传统文化的作用。

最后又参观了腾冲新农村建设示范村——大村社区和著名的金源集团在腾冲搞的房地产业，很大的规模。我们还去参观了一个村子可能叫银杏村，那里生长的几百年的银杏树非常漂亮，以及不远山里的柱状节理现象。总之，腾冲很值得再来。

从云南回北京后，自己就结合石屏县花腰舞的保护支持等问题以如何关注农村基层文化建设问题提交了一份提案。

2011年1月，关于云南百年米轨滇越铁路保护和利用问题经全国政协文史委听取政协委员的意见后，形成了全国政协调研报告，上报给中共中央办公厅和国务院办公厅。

赴台湾参加河洛文化研讨

（2011年4月15日—22日）

没有想到自己能有这样一个机会。4月1日，全国政协通知自己随港澳台侨委员会组织的团队赴台参加河洛文化研讨会，行前听取了国台办陈云林主任的情况介绍和国台办的培训要求。文史委的刘庆柱委员也参加这次赴台活动，同行的还有杨瀚委员。

4月15日，清早赶到机场，上午8:30乘CA185起飞，直飞台湾。11:30抵达台北桃园机场。据说应该是三个小时，不知为何快了。我说了一句：北京起大风了，把飞机刮过了海峡，说明大陆与台湾的距离太近了。大家都笑了。台湾中华侨联理事长简汉生先生（原国民党中央宣传部部长）到机场迎接。

天气不算很热，似乎湿度比较大。我们住圆山大饭店，是历史比较老的饭店，蒋介石到台湾后，曾先住过这里，这个饭店是根据宋美龄的意见重新装修的。条件不错，服务比较到位。

下午和杨瀚抓紧时间去了国民党党史馆，现在已经被一个基金会给买下了。大楼很安静，党史馆似乎没有几个人了。不过查资料还是比较方便的，还是有不少值得看的东西。如果以后有机会，应该再好好查一查。特别是有关共产党在台湾活动的资料，应该作为一个课题来做。楼里有个蒋经国的展览，看来他在台湾影响还是不错的。出了党史馆，我们去了中正纪念堂、自由广场。

晚上台湾方面宴请，看来此次大陆还真来了不少人，除了政协这个团，河南、江西、河北、广东、湖北、福建、广东、上海等地都有人来参加会议。还有香港、澳门及海外的专家学者。吃饭期间，和香港一位姓廖的女士聊了起来，从口气中得知她父母与蒋介石关系不错，是跟着一块到台湾的。但她认为台湾本地人对他们也是比较有想法的，叫他们为外省人，只有出生台湾的才是本地人。从她嘴中感到她对祖国、家乡的怀念。到台湾才真正感到台湾与祖国的紧密关系。因为人多，饭吃的比较一般。

我的这个名字也引起了不少台湾人的兴趣，认为小同就是两岸关系目前的写照，不是大同，只是小同。

4月16日，第十届河洛文化学术研讨会在台北剑潭国际会议中心开幕，有近400人参加。原来河洛文化研究已经搞了十年了，是从河南搞起来的，前八次会议在河南召开，第九次在广东召开，这次在台湾召开。河洛文化就是中原文化，也就是通过这个活动把天下华人都联系在一起。因为台湾人大部分是福建和广东人，也都是从中原迁徙过来的，同根同源。台湾对此次活动也是比较重视的，尽管是民间组织做，但海基会代表江炳坤出席并讲了话，大陆这边是我们团长林树森代表陈云林讲话，会上不少学者发言。中午是中国青年大陆研究文教基金会董事长李钟桂女士宴请，是在退伍军人饭店。下午是大会分组讨论。我们去参观花博会，台湾这个花博会很一般，看了一半，大家就决定回去，因为人太多了，什么也看不到。

晚上，是海峡两岸民意代表联谊会会长饶颖奇先生宴请。这也是国民党的一些元老组织的民间组织。

4月17日，上午大会闭幕，不少人在闭幕会上发言，使我对河洛文化有了进一步的了解。我发现台湾人都很自信，善于表达，而且是比较张扬，愿意在各种场合展示自己，恐怕这与台湾经常开展竞选，又比较民主有关；相反，大陆的人比较内敛，不太愿意露脸，比较谦虚，特别是有领导在场，更是如此。

中午是闭幕午宴，下午下起了大雨。下午我们到台北故宫博物院参观。台北故宫修建于20世纪60年代，因为那时蒋介石对于返回大陆已经没有什么信心了，也就开始修造故宫了。目前共有近70万件文物。这里据说有三件宝：翡翠玉白菜、毛公鼎、肉形石。不过我看这个翡翠玉白菜还是比较小，记得天津历史博物馆有个比较大的。

傍晚，我们去了道教在台湾最大的道观——指南宫，其董事长高忠信先生宴请所有参加会议的代表。据说指南宫在台湾宗教势力是比较大的，但似乎不参与政治。他们的口号是三教共尊，体现了包容性。

这次会议使我对黄姓家族的迁徙、沿革产生了兴趣，有时间要收集一些资料。

在故宫看到一幅清代的画，上有几句题字很有意思：虽是山中好，难离宠辱窝，息心机景上，贪染渐消磨。

4月18日，参访团要去拜会一些官员，我和杨瀚一早乘车去了国史馆。路比较远。我们先乘饭店的摆渡车到地铁站，然后换乘地铁去台北市南新店。台北的地铁车厢比大陆的宽敞，更适合人们站立，座位不是很多。也有专门给老年人、孕妇等人坐的位子，写着博爱座。当地人也都有似北京的一卡通，台湾叫悠游卡，一次买需要500台币，与人民币换算是4.3：1。下了地铁又换了一趟公交车就到了，很方便的。有点像咱们的中央档案馆所在地，库房、办公都在山边，环境不错。因为有编修部的简先生接应，我们比较顺利地进了里面，应该说，他们的管理也比较严，但都是比较客气的。

我们整整看了一天，收获还是不小的，除了西安事变的资料，我还顺便查了有关台湾地下党的资料，看来还是要到台湾查。这一趟使我在这方面有了发言权。准备自己先做做这方面的工作。中午，简先生请我们和暨南大学的一位研究生共同吃饭，在一家小饭馆，台湾人喜欢请吃，但并不奢侈、浪费。

傍晚6点前，我们回到了饭店。在路上地铁里正好赶上中学放学，可是进了车厢的学生们，没有一个去坐博爱座，很有素质。

两人到士林夜市去逛了逛，吃了碗面，别的也不敢吃，尽是海鲜。什么也没有买，回到饭店休息。晚上有点饿，把房间里的方便面吃了。

4月19日，吃完早点，杨瀚自己走了，我和参访团一块走。上午参观了台北一家电子企业，董事长姓宋，在大陆开了不少工厂，是比较早进入大陆的，很有成就感。台商和政客不一样，不善言谈。

中午，是台北市议长请客。议长是吴碧珠女士。台湾有不少女性参政。这里的议会组织以及工作内容很值得我们学习。

下午到苗栗县政府机关参观，他们的管理模式还是很值得我们学习的，主要是他们非常注意与大众、与百姓的联系，注意老百姓的意见，也就是民意。

晚上住台中裕元花园酒店，旅澳华侨施庆桂先生和夫人宴请，搞得挺热闹。不过，我发现大陆来的个别人有时自制力比较差。

4月20日，出发去彰化县，到了鹿港小镇，主要是看民俗民风，有天后宫、妈祖庙、辜振甫故居，小吃比较多。天气比较热。中午，镇长请吃。下午到嘉义市，是省直辖市，女市长黄敏惠是国民党中央委员。随后我们到了著名的阿里山脚下，晚住耐斯王子酒店。

4月21日，前往埔里，参观中台禅寺。当车进入山区，转过山头，突然看到一座集现代与传统于一身的高大寺院，这就是中台禅寺，让人震撼。在休息室里，见昙法师先接待了我们，接待室都是比较庄重的。然后带着我们做了一次比较特殊的参观。中台禅寺共37层，一般人只能看到2层。我们除了1、2层，还看了5、9、16、33、34、37层。1、2层是四天王殿和大雄宝殿；5层是大庄严殿；9层是大光明殿；5层和9层还有禅堂，很大，很庄重的地方；这里的大佛都是汉白玉雕刻的，不像大陆的寺院里的佛像都是金身，花花绿绿的，这里的佛像非常庄重肃穆。16层是万佛殿，里面有一座缅甸柚木的七层塔，33、34层是藏经楼，37层是回音殿，也称金顶。应该说，这里的所有设计、绘画、雕像、建筑，每一件都是一个艺术品，令人赞叹，体现了台湾宗教界的创新理念。国内也走了不少地方，还真没有一座寺院可以和它相比。据说所有设计理念都出自上惟下觉大和尚。

寺院还建立了中小学校，对全台招生，是住校的。

中午，大和尚请我们吃了一顿斋饭，这是规格比较高的宴请。饭后，大和尚还给我们每人送了一个檀木手珠，并亲自给戴在手上，很感荣幸。饭后，又参观了该寺院的博物馆，有不少精品。随后，我们乘车到了日月潭，坐快艇游了湖。湖边有蒋介石与宋美龄居住和经常来的地方。晚上住在日月潭边云品大饭店。

4月22日，一早到湖边照相，空气非常好。早点后，我们驱车前往桃园机场。下午1点多的飞机（CA186），4点30到北京。全程顺利。

贵州博物馆建设与发展考察

（2011年4月24日—29日）

刚从台湾回来，没有休息，于4月24日又赶乘飞机到贵阳，参加全国政协文史委关于博物馆建设与发展的考察。虽然比较累，但心情很舒畅。

飞机上遇到了国家博物馆夏燕月大姐和国家图书馆陈力副馆长，还有文史委办公室的齐立兰同志。

到了贵阳立刻参加了考察团对贵阳市黔灵山的考察。山里面有不少猴，这些小猴自由地和游客交往。山里的麒麟洞是关押过张学良的地方，遗憾的是没有什么文字介绍。

4月25日，上午去参观花溪区的青岩镇，去年我曾到过这里，是不错的一个小古镇，很干净，还保留着城墙和城门楼。抗日战争时期，周恩来的父亲和邓颖超的母亲都曾在这里居住过。中午在古镇吃饭。下午休息后参观省博物馆，晚上观看“赶黔音”民俗民风演出。

4月26日，出发去仁怀市茅台镇。去年到贵州时，因为南边路线安排比较多，北边没有跑，这次正好弥补了缺憾。路是比较远的。中午到茅台，参观了茅台酒厂国酒文化博物馆。吃饭后，赶往习水县。

4月27日，去县土城镇考察，路过青杠坡遗址，在革命烈士纪念碑前举行了敬献花篮、入党宣誓等仪式。看得出，地方对此是非常重视的。这里曾是1935年遵义会议后一次惨烈的战斗遗址，在这里红军曾牺牲了3000多人。进了土城后，我们参观了中国女红军纪念馆、四渡赤水纪念馆、古镇博物馆、河盐文化博物馆、航运历史博物馆。古镇的内容挺多，但总的看各馆展览还比较简单、粗糙。

吃饭后，又立刻赶往遵义市开会。在会上我发了个言，针对习水县委提出的要打造五个世界最大景观（即最大的党徽、最大的大刀、最大的红星等），提出了不同意见，认为不要劳民伤财，这个意见得到了与会同志们的认可。陈建功委员会下表示非常同意我的意见。

不过，土城镇的女红军纪念馆还是给我留下了很深的印象，他们从红一、二、四方面军中收集了许多女红军的事迹，还是非常感人的，当年，红一方面军有47名女红军，长征后只活下来30名。其中王泉媛的事迹令人掉泪。她1913年生于江西，1935年长征到遵义时，与王首道结婚，而第二天，红军开拔，两人就没有再在一起过。到延安后，王泉媛被编入红四方面军，1936年10月，被任命为1300多名的红西路军先锋团团长，在西征一次激战中被俘后逃跑，回延安怕不被接收，就辗转回到江西老家。但党的组织关系没有了，就在农村劳动。1982年，她来到北京，找康克清大姐，请其作证，恢复党籍。当她办完事，准备离京时被告知，已担任全国政协副主席的王首道要见她。两人见面后，王泉媛把埋藏在心里几十年的疑问说了出来：有人说我在兰州八路军办事处给你留了封信，说我永远不当红军，永远不回延安，还说我要和你断绝一切关系，是吗？王首道说：我不知道这封信的事，我在延安等了你三年，见你没有回来，还以为你不要我了。1984年，王泉媛去河西走廊故地重游再次到北京，又见到病中的王首道。这次会面，王首道特意交代，不让外人在场，只有王首道的女儿。这次王泉媛给王首道带来一双亲手做的千层底的布鞋。王首道双手颤抖拿过鞋，老泪纵横，说：你没有忘记遵义时的诺言。随后，王首道挽起王泉媛的胳膊，他的女儿为这两位老人拍下了他们第一张也是最后一张合影照。王首道逝世后，王泉媛大病一场。后来王泉媛老人享受的是副地级离休待遇。听着她的事迹，内心非常伤感。

4月28日，参观遵义会议纪念馆，因为我看过，所以没有太上心。不过还是看出了一些问题。还看了遵义市博物馆和图书馆。中午赶到乌江边。据说很多人都要到这里来吃乌江鱼，可惜自己从来不吃海鲜。下午到息烽集中营纪念馆参观考察。晚回贵阳，省委书记栗战书出来见了大家。

4月29日，上午赶往黔东南雷山县西江苗寨博物馆参观。我上次去过这里，是比较远的。不过我上次去是晚上，这次是白天，又弥补了一个缺憾。下午紧着赶贵阳，乘飞机回京。晚上回到家，已经是深夜12点了。

6月9日上午，由全国政协副主席张梅颖带队到北京市考察，受到了市委书记刘淇和市长郭金龙的接见。然后去了观复博物馆，这是马未都的私人博物馆，地点似乎偏僻了些，但内容确实比较丰富，有不少是精品，值得看。下午看了电影博物馆和朝阳区的东岳庙民俗博物馆，相对说，这个民俗博物馆问题是比较大的。第二天，我们先去了自然博物馆，又去宣南文化博物馆，午后召开座谈会。张梅颖的讲话有水平。之后又参观了首都博物馆。看来内容还是比较多的，但问题也是比较多的。博物馆到底应该如何建设和发展，还真是个值得研究的问题。

8月，全国政协文史和学习委员会整理出《关于进一步促进博物馆建设与发展的调研报告》，并报送中央办公厅和国务院办公厅。

内蒙古草原生态考察

（2011年7月15日—24日）

7月，全国政协文史委专门组织政协委员对西部大开发中的内蒙古草原生态建设进行考察，作为曾在内蒙古插过队的知识青年，对第二故乡还是很有感情的，所以是积极参加，也是想为家乡建设做些贡献吧。

7月15日，由于昨天的大雨，本来是晚上6点的飞机，还是后延到晚上9点多才起飞，到满洲里时已经是凌晨1点了，2点才睡。不过夜晚的满洲里仍是灯火辉煌，不知是否是为了欢迎我们，专门给我们看的。如果是那样，还是有些浪费吧。

7月16日，因为看错表，6点半就起床了，于是拿着照相机到外面走走。满洲里城市不大，也是和内蒙古的许多地方一样，辽阔，地广人稀。不过作为边境城市，历史又非常悠久，目前可以看出还是在发展中。城市建筑带有俄式风格，空气比较干净，树比较少，因为干旱，草坡也不是很好，有些黄。上午参观国门、口岸，国门还是非常壮观的，在连接两国边界上矗立有带国徽的界石，令人备感神圣。我和它照了相。满洲里这个地方在中共党史上也有非常重要的位置，当年早期中国共产党人去苏联、联系共产国际都要经过这里，记得从资料上看，那时路经这里条件是很艰苦的，火车到站后，要想再去东北哈尔滨需要翻山越岭，爬冰卧雪，因为方圆上百里没有人烟。国门这里有两个展览，其中一个是共产国际和红色后代，内容还是不错的，而且在全国是唯一的。可惜，时间太紧，没有能好好地看，如果多印些展览资料就好了。

在口岸楼上看，中俄边境上有两道铁丝网，相隔两百米，各一百米缓冲带，据说，整个中俄边境都有这两百米的铁丝隔离带。目前两国火车轨距不一样，每趟火车都要在俄方换车轮。可以看到两国的边防哨所。中午吃饭时是边吃边看中、俄、蒙三国的文艺节目。

下午驱车去额尔古纳市。车一路在草原上奔驶，路还是不错的，可以看到牲畜、蒙古包，不由想起自己插队的地方，这里的草还是不错的。半路两次遇到大雨，草原上这样大的雨真是罕见。因为在草原上待过，对这样大的雨，没有下之前，我已经有预见，这也是草原生活给自己留下的经验吧。傍晚6点时，我们到了额尔古纳市，可能是住的地方有限，只能是两人一屋，巧的是和我同住的人没有来，还是一个人住。饭后几个人到街上散步。

7月17日，早上起的比较早，因为昨天下午遇大雨，没有能看到湿地，今天早上要补上。湿地称黑山头湿地，车队直接开上了山顶，登高一望，还真是风景不错的生态环境，蜿蜒曲折的河流在湿地中流过，植物茂密，非常美。我今天还专门换了件红球衣，非常巧，张皎、陈醉也都换了有些红色的衣服，英雄所见略同，是为了好照相。随后车队直奔今天的目的地——室韦（一个坐落在中俄边境河畔的俄罗斯民族乡）。半路，我们经过了一大片白桦树林，据说这是国内少见的大面积白桦树林，也是照相的好地方，从地图上看，应该属于恩和林场所在地。大家下了车，一下子消失在林中了。大家照完相，继续乘车前进。接近中午，我们到了室韦，还真是有俄罗斯的风情，村里房屋都是木头建的，当地叫木克楞，很有特点，不过看来旅游到此的人也不少，车很多，人也多。我们大家先到边界河——额尔古纳河照相，风景还是不错的，河对岸就是俄罗斯，那边的房子不如中国这边。我突然想起2006年第一次到额尔古纳时，坐船游过这条河，好像还经过室韦这个村，但没有上岸。在河边和老卞，还有香港的芬姐照了相。中午在一家比较大的餐厅吃的午饭，又是边吃边看节目。我们住的也是木克楞式的旅馆，虽然简单，但很干净。下午我们去了室韦口岸，只是一座桥，桥中间有条红线，这就是边界线了，这是不允许迈过去的。后来大家又乘船游了一段河。傍晚，几乎所有到室韦的游客都在村边等着照日落，可是太阳就是不落，直到8点才落，但因为天边有云，也没有照到落日或残阳的景象。

7月18日，早起，今天还要北上到白鹿岛，路途也比较长，到后，没有想象的那么美，估计秋天来就好了。随后，车队南下经莫尔道嘎镇到了得耳布尔林业局吃饭，进一步了解到林业工人是非常辛苦的，居住在林区，月工资才700到800元。下午又参观了敖鲁古雅鄂伦春民族乡，这是一个以放鹿为生的民族，才200多人，国家把他们全部从林区内迁到平原，共62户，国家统一给盖了房子，他们还在放鹿，还做些鹿产品的生意，生活还是挺安稳的，只是他们也不是十分习惯，因为他们可能更愿意到深山老林中自由生活，有的还在新房外边搭了帐篷。傍晚车队到了克一河林业局所在地居住。在饭桌上听到了该局领导的一些意见，也是这次考察安排上没有考虑周全的，那就是我们是在最好的季节，看到的是最好的风景，生态不好的地方，我们没有看到。

7月19日，早起，今天返额尔古纳市，然后直奔海拉尔西部的呼耳诺日旅游点，路程比较远，一路可以看到草原。在陈巴尔虎右旗看到了华能煤矿的厂房，我很担心这种开发会对草原的生态发展有影响。听陈巴尔虎右旗的副旗长说，现在有许多专家在盯着这个项目，也是认为对草场有破坏作用。在去呼耳诺日的路上，还看到了与煤矿相配套的一座现代化工业城市的基地，估计这里不久会出现更大的工业城市，到那时草原恐怕就会越来越小，有一天也就不会存在了。吃完饭，我们驱车进入了海拉尔，参观了海拉尔反法西斯战争纪念馆，还是不错的，内容比较丰富。

7月20日上午，我们去西山国家森林公园，看樟子松在沙土地上的生长，这个公园以前我看过，那时还是随便走，现在已经完全修了栈道，当然也是为了保护松树林，但看的东西就少了。这里的樟子松最老有500年左右的，人称树神，481年的称树王。然后又参观了呼伦贝尔民族博物馆，还是很值得看的，典型的草原游牧民族的文化。下午，我们离开了海拉尔，乘机直飞呼和浩特。

就在要结束呼伦贝尔考察时，考察团内的香港委员芬姐在百忙之中，写给香港商报的通讯《西北之行无限风光》发表了，而且在早上就传真过来，芬姐及时复印，发给了我们每人一张。一位香港老太太，能用流畅的文笔，把我们这次内蒙古考察活动记下来，而且把我们每个人的名字都写了进去，令人佩服。听说她是这个报的专栏作家，栏目为“莲笔生花”，因为她的名字叫朱莲芬。

7月21日上午，我因之前参观过蒙牛公司，便请假未去，而是借机去内蒙古党史研究室看了看，这个地方我没有来过。参观了正在他们搞得全国书画展，和内蒙古党研室的几位领导聊了聊，很不错。下午去看内蒙古博物院和大召寺，了解了不少情况，挺喜欢。晚上，和曾一起插队的马志新去看自己插队时结识的张茂大嫂，在蒙古包内吃了顿饭。

7月22日，驱车去包头，也是自己比较熟悉的地方，上午参观包钢。下午，参观赛汗塔拉湿地公园，又看了兵器城、北方重工汽车。

7月23日，上午到鄂尔多斯市，参观了响沙湾。这是个旅游点，整个管理还是不错的。下午，参观了新建城区，面积很大，但从整体内容看反映了目前许多地方干部急于要政绩的心理，在城市环境建设上有些浪费和劳民伤财。

7月24日，上午参观成吉思汗陵，中午在大蒙古包吃最后一顿饭，然后直奔机场。下午飞机基本是正点起飞，正点到京。在当晚大雨到来之前，我们赶到了家。

赴西安参加西安事变研究会会议

（2011年12月11日—15日）

这是我作为全国政协西安事变资料征集研究小组成员第二次西安之行，带队的是全国政协常委、中宣部原副部长高俊良，还有杨瀚。杨瀚是西安事变研究会会长。我们这次主要是参加陕西西安事变研究会为纪念西安事变75周年召开的学术研讨会。

12月11日直飞临潼，住在空军疗养院。12日上午会议开幕，下午是学术研讨会。从参加的人员看，还只是陕西西安部分人员，圈子比较小。所以会后我建议西安事变研究会会长杨瀚要想法扩大参与力量，最好有更多的高校研究人员，另外党史学会和地方党史研究室也应该参加进来，这样力量就壮大了，影响也就能够更大。明年2月如果台湾学者也参加的话，水准能够更高一些。这次会上杨瀚提议让我当西安事变研究会副会长。

13日上午，与会人员参观华清池和捉蒋亭。下午，去参观了长安县的杨虎城烈士陵园，地方还是不错的。当晚住在了西安。

14日，上午去参观当年的京西招待所，该建筑保存的还是不错的。又看了张学良公馆，现在是西安事变纪念馆。下午参加了一个座谈会。

15日，上午休息，快到中午时，与陕西省政协主席马中平见面，马中平曾在中央科学实践发展观教育时到中央党史研究室指导工作。

下午离开西安返回北京。

长城保护工作考察

（2012年5月12日—20日）

5月，由全国政协副主席陈奎元带队，全国政协文史委组织一批委员到西部考察长城保护问题。

5月12日中午到机场集合，下午的飞机到宁夏银川，在欢迎的当地领导中看到了自治区党史研究室原主任李耀松，他现在是自治区社会科学院党组书记了。2009年我曾经来过银川，是和中央党史研究室的彭咏梅、李艳杰一起来的，住的地方就是此次考察团下榻的地方。安顿后，我们就听取了宁夏的工作汇报。

5月13日，乘车前往吴忠市黄河金沙湾，参观中华黄河坛。因为当天是母亲节，我们作为嘉宾还参加了第四届中国（宁夏）国际文化艺术旅游博览会暨感恩母亲河活动开幕式。但是从金沙湾的建设来说，有些过于奢华了，不知是感恩母亲，还是感恩封建帝王。据说花了近两个亿打造这么一个景观，能有多少人去？想到甘肃兰州黄河边的母亲雕像，非常质朴、亲切。活动结束时刮起很大的风，据说这里是贺兰山口，所以风大。下午考察组乘车前往固原。这个地方上次我们没有到过，发现这个地方的植被还是不错的，似乎气温比较低，住的地方在一个山梁上。

5月14日，清早出屋，阳光灿烂，蓝天白云。天气真好。早饭后和当地领导合影留念。驱车前往六盘山参观红军纪念馆。山上气温比较低，风也比较硬，我穿的衣服比较少，只好快速看完就跑下来了。关于红军三军会师的说法还是有一定争论的。从《中国共产党历史》第一卷中可以看到，红军的会师是个过程，先是红一方面军与四方面军在会宁会师，后是红一方面军与二方面军会师，然后是红二、六军团与一方面军在将台堡、兴隆镇会师，这样，二、四方面军也都完成了长征。但是，好几个地方都想争自己是红军会师地。下午，在固原考察了秦长城，应该说还是不错的，但也是有一些问题值得思考和研究。虽然这段长城用铁丝网围了起来，但是没有任何标志性建筑，是不应该的。另外，关于长城的宣传、书籍太少了，没有宣传，就没有群众的参与，长城保护没有群众的参加是不行的。晚饭前赶回了银川市。

5月15日，考察组考察了宁夏与内蒙古交界处的明长城，总体看，还真是有长城的气势，但是夯土城墙风化得很厉害。我上去用手轻轻一抠，一片就下来，幸亏当地雨水少，比较干旱，否则可能早就塌了。据说，目前发明了一种涂料，可以涂到土长城上，起到保护的作用，但能保护多长时间目前还没有试验结果。看来历史文物保护工作太艰巨了。很长的线路也是没有标志性建筑。接着去了西夏王陵，博物馆现在搞得很不错，以前来时还没有建博物馆。博物馆展览中有许多新的内容，看到西夏文字，想到了在中央党校学习时宁夏检察院马院长给我刻的西夏文印章。下午，又去了贺兰山，看到了山里的岩画。也有一个博物馆，内容挺丰富，很适合青少年看，能长不少知识。

5月16日，上午驱车前往银川东北地区考察了水洞沟明长城遗址，又在与内蒙古交界处看了红山堡藏兵洞。听说这个藏兵洞是由民营企业管理的，这也是个加强管理的好办法。但是听说水洞沟明长城也只是能保护600米，而全长有900多公里，怎么办？下午召开座谈会，我也发了言，主要意思是要加强宣传和标志性建筑的设计安排，要让广大群众能参与到保护长城的活动中来。饭后乘飞机去内蒙古呼和浩特。

5月17日，早上7点半就驱车前往四子王旗白音朝克图镇白音锡勒大队，现在蒙语叫白音锡勒嘎查。考察金代长城遗址，叫金界壕。我还真是第一次听说四子王旗有长城遗址。进入四子王旗一路上我给全国政协文史委的陈爱菲局长她们讲内蒙古插队的事，很有意思。我们到了遗址所在地，并没有看到长城，原来长城已经变成土堆了，如果不说，没有标志，谁也不会认为那是长城。看来还是存在一个如何加强建立标志性建设问题。中午在格根塔拉旅游点吃饭，见到了旗长和书记。下午在返回呼市的路上看了通往呼市郊区的挡路塞长城遗址，是战国时期的，土石结合的，也够呛了。饭前，内蒙古自治区领导听取汇报。我发言时提了两点：一是建议对牧区草原深处不宜生存地方的蒙古族群众，是否可以搬迁出来，以提升他们的生活质量。二是加大保护长城的宣传力度和标志性建设。晚上吃饭时，胡春华书记走到我面前对我说，你提的搬迁的意见是对的，也是非常关键的，他很同意，但目前还有些困难，主要是思想不统一。但是对我的发言表示感谢。政府秘书长常海还和我交换了电话。他是蒙古族青年，和知识青年接触过，有一定感情。应该说，内蒙古草原是我的第二故乡啊！陈爱菲局长一路上鼓励我把在内蒙古草原插队的经历写成回忆。

5月18日，驱车前往呼和浩特市南部的清水河县考察明长城，路挺远，是内蒙古和山西交界地方，路过和林格尔县。11点多才到，这条长城很是典型，都建在山梁上，远看去很是壮观，保护工作也是可以的。不过这个地区缺水，也涉及国家层面的一些政策，特别是退耕还林问题。中午在清水河县吃饭，下午赶回呼市，参观了博物院。

5月19日，上午乘火车去包头，一路上和其他委员聊党史。到包头后就听汇报。午饭后，驱车石拐区克尔马沟看战国赵北长城遗址，如果没有标志也是不知道的。又去了固阳县金山镇考察秦长城，这段还是不错的，我们一直爬了上去，是石头的，就地取材而建。5月20日，早饭后乘机返回北京，结束了考察。但是，从全国长城的分布来看，整体保护还是有不少困难的，这是一个值得深入考虑和研究的问题。

甘肃长城保护情况考察

（2012年7月6日—12日）

5月的长城保护考察实际上并没有结束，7月又开始了。根据全国政协文史委的通知，7月6日我按时赶到机场，随陈奎元副主席赴甘肃继续进行有关长城的考察工作，基本还是5月份那批人员，有王兴东、王连生、张皎、张廷皓、夏燕月、曹幸穗、戚发轫等，都是老熟人。以前自己去甘肃是坐火车到敦煌的，没有领略过河西走廊的风光，此次是开车走，就可以好好地体验一把了。

在机场等飞机时，突然接到甘肃省委党史研究室办公室韦主任来的电话，问何时到兰州，他们刘主任要见我。原来他们的老主任史主任现在是省政协文史委的副主任，看到了全国政协考察团的名单中有我，就通知了刘主任。我说下午到兰州，但晚上估计省委要和考察团见面，党史研究室最好换个时间。下午2点半左右飞机到达兰州机场。4点就召开了省长城保护情况汇报会，省政协副主席贠选平、咸副省长以及省有关厅局领导出席，咸副省长做了汇报。会上，见到了原省委党史研究室的史主任。

第二天，我们乘车前往定西市渭源县马家山考察秦长城遗址，也不近，167公里，走了两个小时，然后，改乘越野车上山。中午赶到渭源县吃饭，没有休息，又看了一个古代廊桥。饭后，大家又赶到临洮县考察秦长城遗址，130公里，还是在山上，也要换乘越野车。这样整个考察安排的时间就有些紧了。到临洮县城又参观了一个私人搞的马家窑文化博物馆。看后有两点启发：一是龙的崇拜文化史前就有了；二是当时早期人类崇拜青蛙，是为了更多的生殖，繁衍后代。回到兰州有100公里，已经6点半了。省委党史研究室的刘主任、史主任、李文真以及小韦、小兰等都在等着，所以下车洗了脸后立刻赶了过去。在机关吃饭很简单，大家边吃边聊，很是高兴。

7月8日，我们前往武威市，午饭后稍作休息，下午参观了著名的雷公汉墓，虽然不大，但很值得看，这里有我最喜欢的出土文物马踏飞燕。随后，乘车前往张掖，路过山丹县时考察了明长城遗址，目前还保留有300多公里，也是没有任何标志，也没有围栏。如何才能真正做好保护，还真是一个重要的课题。文物部门的同志当然表示要全线保护，但从实际出发，能否实现？傍晚时进入张掖市，顺便参观了大佛寺，整体保护还是不错的，有不少东西。晚上8点才吃上饭，吃到快10点。这里裕固族人比较多，也兴唱歌敬酒献哈达，不得已也只好喝了几杯。第二天参观了张掖湿地公园，然后去看丹霞地貌，非常壮观，大自然竟能如此安排，像是在做画。看到张掖的丹霞地貌，有种兴奋感。中午赶到临泽县吃饭。下午继续西行，到嘉峪关，190公里，5点前，到嘉峪关住下。

饭后，我们几个人到酒店对面的公园去散步，环境不错，这个城市只有30万人，是为酒泉钢铁业服务而建的市。晚上9点时突然起风，估计要下雨。

7月10日，一早我们驱车前往嘉峪关关城，经常看到它的照片，只是没有亲自看一看。此次能到嘉峪关关城还是挺珍惜的，是很值得看的地方。没想到人还很多。我们还参观了长城博物馆。随后去看长城第一墩。顾名思义就是长城西边头的第一个墩，心想肯定是靠近山边，否则人就可以过来了，起到了阻挡的作用。而到跟前，才发现原来第一墩是在一条大河的悬崖岸边，充分利用了自然条件。这个悬崖很高，人根本无法越过，非常智慧的想法。饭后继续前行，直奔敦煌。车开了4个小时，420公里，一直在大戈壁上走，很少看到绿地和水。

饭后，我们几个去逛夜市。和前几年的情况又大有变化，档次比较高了，有了些新的东西。

次日，考察了比较远的玉门关遗址、河仓城遗址，还有汉长城，这个河仓城比较高大，有些像古希腊的神殿感觉，有种神秘、沧桑感。行走在半路上是在一个村子吃的农家饭，村子里种的全是葡萄。饭后，参观了阳关遗址。往回走时赶上了沙尘风暴，让我们感觉了一下戈壁风沙的厉害。到莫高窟时已经4点了。我们参观了几个比较主要的，还是很有收获的。原计划要去看鸣沙山，但风沙一起，兴致全无了。

今天就要返程了，一早起来，大家去鸣沙山，天不错，没有太阳，没有风，很舒服。大家照了相，也有不少人爬了沙山，感受一把。然后参观了敦煌博物馆。10点左右我们赶到机场，顺利登机，返回了北京。考察长城的行程因为安排的比较紧，看的东西比较多，乘车时间长，路途比较远，3000多公里。先后实地考察了战国、秦、汉、金、明等不同时期有代表性的长城墙体、关堡、烽火台等17处历史遗址遗迹。确实感到有些疲乏了。

9月，全国政协文史委拟出了《关于长城保护工作的调研报告》，请文史委委员修改。我看总的还可以，只是在报告结尾建议加几句话："长城保护不是我们这一代人能完成的，需要一代一代人的努力，这是一项任重道远的任务，国家层面上一定要有一个更加长远、更加全面完整的考虑。"

陕川古蜀道文化线路保护与申遗工作调研

（2012年10月17日—26日）

古人云：蜀道难，难于上青天。10月，根据全国政协的安排，由全国政协副主席张梅颖带队考察古蜀道。

10月17日一早赶到首都机场贵宾厅，已经有人到了，这次考察估计是这届政协的最后一次活动了，能参加还是很高兴的，特别是此次考察是一条自己没有走过的路。这次人不少，全国政协文史委两位副主任卞晋平、刘德旺，委员有李晓东、韦建桦、王天增、何虎林、刘庆柱、张皎、张廷皓、曹幸穗、田青、杨瀚，还有一些文物专家和文史委的同志，不少是老朋友，也有一些新朋友。

中午，调研团在张梅颖副主席带领下抵达西安，入住陕西宾馆，也就是过去的省委招待所丈八沟。记得20世纪90 年代参加全国党史人物研究会的一次会议时也住在这里，那时这里还是郊区，一到晚上黑乎乎的，没有什么灯，周边也没有什么车，基本不敢出院。现在可是大变样了，周围已经是高楼林立，灯火通明，车流不息，非常热闹，好在院内还是闹中取静。记得当年门口有块大石头，上面写着“丈八沟”几个大字。这块石头自己是第二天在院子里的路边发现的，记得当年是红字，现在改成金色的了，是赵朴初题写的。

下午我们参观陕西省历史博物馆的唐墓壁画展览，主要是唐十八陵出土的墓道壁画。这些壁画很生动，有些颜色还很鲜艳。壁画大部分是反映当年皇室活动的，其中不少是仕女画，从画面上可以感受到当年的审美与今天的不同，有几个特点：一是人物的构图比例并不是我们今天所提倡的黄金切割。有的人物头不大，身子却很长，甚至头与身的比例达到1：9了，还有的头比较大，脖子很长，身子却很短。二是当时的女性突出的不是胸、腰，而是脸、肚子，也就是比较肥胖，没有胸、腰。三是宦官画的比较瘦，不是我们所在一些影视中看到的比较丰润、无胡须，都有小胡子，比较奸诈。后来又赶到一处考古现场，是中国社会科学院考古所刘庆柱夫人所在的工地，是一处汉代木桥遗址，两千多年前的官桥，有300米长，20米宽，出土的桥墩、木桩不少，有的还矗立在那里，似乎想要告诉我们什么。对于那些参加考古的文物工作者，我也是挺佩服的。后来在与刘的夫人李老师的接触中听了不少他们的工作情况，更感到他们的不容易。听说，因为我们国家的文物保护能力还是有限的，所以不会主动地去开挖墓葬，只有出现盗墓和因生产而发现了墓葬后，才不得已而为之。

10月18日，我们驱车到西安长安区考察子午道在陕西境内起点黑沟桥蜀道栈道遗迹和石羊关蜀道栈道遗迹，都位于秦岭。走的是国道，弯道很多，略感有些晕车。山中风景不错。这些遗迹只是栈道石孔，形状不一，但是如果根据这些来判断栈道的时间、朝代，还是非常困难的。但是确实可以使人感受到我们先民为打通陕川通道，在大山中所付出的艰辛。世上本来没有什么路，走的人多了，也就有了路。有一个疑惑的是为什么这些遗迹没有任何标示牌呢？下午，参观关中民俗博物馆，这是一个民营博物馆，主人姓王，已经花出两个亿了，已成规模，也很有气派，但是缺乏研究，有些内容比较牵强，也缺乏宣传。回到驻地召开了蜀道保护座谈会，听取了地方的汇报，看来从去年以来，地方做了不少工作，但是问题还是不少的。首先是蜀道的家底还是没有摸清楚，到底蜀道调查主要内容是什么，蜀道的点和线目前还连不起来，已经可以确定的遗迹没有及时采取保护宣传措施，是否还需要其他学科参加等等？总之问题还是不少的。

考察中，我发现张梅颖副主席为人开朗直爽，比较随和。她是张澜先生的孙女，是西安四军医大毕业的，所以对陕西比较熟悉。

10月19日，我们离开西安，进入秦岭山脉，能穿越秦岭，也是一次很好的体验。半路到了宁陕县江口镇。这应该是个古镇，但是因为无序建设，许多建筑已经面目全非了。还存在一处子午道上的石磴道遗址，是土坡上的一条小道，我们走起来都非常不容易。看来当年的蜀道不光有栈道，还有石磴道、栈桥等。江口镇是个回民自治镇。午饭后，先到了一个庙不是庙、观不是观的地方，据说是当年的县衙所在地，路边山里还有一道清代的城墙。我们又经过了石泉县，出了秦岭山脉，到了汉江边上，车队沿汉江行走，天黑前到了安康。汉江是秦岭与大巴山的分界，当晚住在了安康。因为有条江河，使安康城市显得漂亮。晚饭后，几个人沿江岸散步，聊了很多关心的问题。

10月20日，我们驱车前往安康市大河镇考察子午道遗迹，山路不是太好走，穿村越岭，在瓦子口和观音庙附近的河边崖上看到一些栈道孔，而且规格不一样，比较小。中午在汉滨区吃的饭。下午去瀛湖景区，实际是用水电大坝把汉江拦住，把水围起的，乘船游览，风景一般，开发的还不够，可能在当地就是不错的了。

10月21日，上午开座谈会，事先都已经安排好了发言。我在会上主要看了安康的许多文物普查材料。说实话，第一次参加考察，发现关于蜀道的申遗问题还是不少的。从陕西境内的子午道来看，只是存在一些栈道的遗址遗迹，但是没有办法确定时间、朝代、详细的走向。另一个问题，我发现所有的栈道遗址遗迹都没有标示牌。应该像安康的镇坪县那样，在普查后立刻建立标示牌，既是一种宣传，也是保护的一种措施。田青委员在会上的发言是正确的，应该注意线性文化线路上的非物质文化遗存。记得我在贵州习水县座谈会上关于红军长征线路申遗问题讨论时曾讲到这个问题。午饭后，我们离开了陕南，进入了大巴山区，进入了四川境内，在南江县秦门地方，四川的车队已经来接了。晚上就住在光雾山区的一个宾馆，虽然在深山里，但住房条件还算可以。只是饭有点吃不饱，都是肉，主食少，自己又不能吃肉，只好饿着吧。这个地方已经归巴中市了，当晚还观看了当地的民俗表演。

10月22日，我们进入光雾山考察米仓道遗迹，这个遗迹是在景区内，我们沿着一条现代景区栈道走进山谷，好像时间挺长，走到寒溪河头，看到了山崖边的栈道孔，但有些并不是，有些桥桩说是栈道时的桥桩，我看也不一定。回来在两河口地区也看到几个桥桩遗址，个别还有残木桩。中午就在景区农家院吃的饭。下午去米仓山看红叶风景，还是非常不错的，比北京的要大，面积要广，北方还真没有这样的红叶风景。因为走了一天山路，晚上感到有些累了。住在巴中。

10月23日，从巴中到阆中，没有想到刚开车就下雨了，山路不太好，一下雨也就更不好开了。上午的考察都是在雨中行了。在古琉璃关、蒲涧太子洞、二洞桥段看的都是一些石刻题记，有的不是直接证据。午饭后看的是水宁寺摩崖造像、南龛摩崖造像，还是不错的。在附近还有一处川陕革命将帅碑林博物馆，发现了一些问题。巴中是川陕革命根据地的所在地，也是红四方面军的所在地，对于红四方面军的历史，过去我们的党史宣传是很少的，因为张国焘是红四方面军的领导人。改革开放以来，随着时间的推移，对红四方面军的宣传、对西路军的宣传都解冻了，但是并没有完全解决，巴中搞的这个将帅碑林，把李先念放在了第一位，而把张国焘放到了另一边，这是不应该的。另外，张国焘的碑上，没有写是红四方面军的主要领导，而只写中共一大代表和红军总政委，这些都是不应该的。看来中共党史的研究宣传确实到了一个非常尴尬的境地。

10月24日，天放晴了，我们离开巴中，半路到了恩阳古镇，这个古镇是当年红四方面军建立川陕根据地的重要基地之一，是川陕省的恩阳县，有不少红军遗址遗迹。这个古镇有300多年历史，比较安静，看着比较悠闲。只是有些房屋被后来修整过了。中午赶到阆中的圣索亚饭店吃饭，这个饭店是泰式的，环境很好，条件也不错。下午考察了阆中的巴巴寺（回族百姓朝圣的地方）、玉台山

（有个滕王阁）和古城。这是个古镇，文化底蕴很厚，还是个风水地，很值得再来，看以后有没有机会吧。

10月25日，告别阆中驱车成都，开了四个小时。下午开座谈会，自己也发了言，主要还是谈保护问题。

10月26日，上午调研团内部会议，10点多，四川省委党史研究室同志要见面，中午就到宾馆旁边的一个叫易园的地方，新老朋友见面很高兴。下午乘机返京。

12月，全国政协文史委拟出了《关于蜀道文化线路保护与申遗工作深度调研的报告》向各位委员征求意见。2013年1月这份报告上报中央办公厅和国务院办公厅。

全国政协文史委工作总结考察

（2012年11月28日—12月3日）

11月28日，开始此次云南之行，心情很是不一般，似乎有一种说不出的感觉。可能是因为这是全国政协文史和学习委员会的总结会，应该属于告别前的一次活动了吧，应该说，这几年大家经常一起活动，结下了很深的友谊。在机场看到许多文史委的老朋友，非常高兴，许多人都把这次会晤当作最后的一次聚会了，所以非常珍惜，能参加都尽量参加。记得委员中有周国富、高俊良、王连生、王晓秋、石峰、刘兰芳、何虎林、杨波、张皎、张华祝、张廷皓、张胜友、陈力、陈醉、夏燕月、曹幸穗、戚发轫、董良翚等，不知记得准不准？还有文史委办公室的领导和同志们。饭后散步，见到文史委主任、国家行政学院原院长陈福今，他又对自己去石屏为花腰舞的呼吁提案表示赞赏，后来我才知道陈福今就是云南红河的老家。这也是自己没有白当一回全国政协委员，应该做的事吧。

11月29日，开了一天会，陈福今主任代表委员会对五年来的工作进行了文风朴实、言简意赅、全面概括的总结。大家对全国政协文史和学习委员会五年来的工作，进行了认真而畅所欲言的回顾和总结，应该承认过去五年的工作是有很大成绩的，更主要是大家在过去的五年中加深了了解，结下了深厚的友情。总结会对今后文史委的工作也提出了几点建议。驻会副主任卞晋平最后总结认为，这一届文史委在全体委员的积极努力下，创新工作思路，转移史料征集工作重心，适应了新形势新任务的要求，谱写了文史和学习工作的新篇章。

晚饭后，曾是我单位的同事、现在是中央组织部的局长袁丁的弟弟袁中接我去看他妈妈。因为老人家曾和我在中央党校南院是邻居，比较熟，既然到了昆明，应该去看望。老人家性情很好，和我母亲同岁，可是身体却比我母亲好。真希望她老人家能活上一百岁。回到驻地，还没休息，在手机上看到一条信息，一个同学因病离世了。让自己想了很多，人生是很短的，还是要抓紧做自己应该做的、想做的、还能够做的事，不给自己留下遗憾的事。

30日，我们乘飞机飞往腾冲。前两年，我曾经来过这里，确实给自己留下了深刻的印象。一下飞机，蔚蓝的天空，清新的空气，温暖的阳光，给人以宜居的感觉。下午，参观玉雕的加工厂，也学习了不少看、摸玉石的方法，还是挺有意思的。

12月1日上午参观和顺古镇，比上次看的地方又多了一些。真想在这里多住些日子，好好地让自己放松下来，做一个真正的闲人，让自己回归自然。下午，又参观了国殇墓园，又一次受到了深刻的爱国主义教育。爱国主义不是共产党才有，是真正中国人骨子里固有的，应该承认当年腾冲人、中国远征军的指战员都是具有的。一定要把中国抗战放到国际反法西斯战争中去，才能进一步了解、更加理解中国的抗战和中国人民一往无前的抗战精神。

2日上午，我们去参观火山，这次火山的环境和上次去看的又不一样了，关键是天气好，记得上次是在下雨。这次天气晴朗，蓝天，还有高空气球、滑翔机，挺不错的。还有了地质博物馆，是关于火山的。这样就形成了一个完整的参观基地。然后我们去了江东古银杏村，上次也去过，游客不少，已经逐渐形成了一个旅游的农家基地，带动了当地老百姓的生活。这个村子还是比较和谐的。下午返回驻地，我们几个自己出去逛了逛。

3日上午上来凤山，是开车上的，没有上次走上去好。又去了热海，没有泡温泉，主要是走了一圈，正好补了上次的缺憾，上次没有走，主要是泡温泉了。还是值得走一走的。下午我们又逛了市场。听说腾冲的赌石很火，可是我们谁也不敢尝试，主要是根本就不懂，只能在旁边看看罢了。然后连夜赶回北京。这次是政协的最后一次活动了，大家这几年关系还不错。活动中有些插曲也是挺有意思的，能让人记住。

赴台湾进行西安事变史料征集交流

（2016年11月19日—25日）

2016年是西安事变80周年，全国政协文史和学习委员会专门以西安事变研究会名义组织部分政协委员到台湾，与国民党有关组织进行西安事变史料征集交流。据说此次活动由于民进党在台上，台湾形势不好，险些不能成行。此次由国家图书馆常务副馆长陈力带队，还有中央党校教育长王怀超、杨虎城孙子杨瀚、全国政协文史和学习委员会办公室巡视员张燕妮，都是自己熟悉的人，我有幸被邀请参加这次交流活动。

11月19日，早上乘机离开北京，中午前到台北桃园机场。台北是台湾地区的六个“直辖市”之一，也是台湾地区的政治、经济、文化、旅游、工商业与传播中心，是仅次于新北市的第二大城市。台北历史悠久，历史遗迹众多，于旧石器时代晚期即有人类居住。清光绪年间钦差大臣沈葆桢在此建立台北府，台湾北部从此有了“台北”之名。这是我第二次到台北了。下午我们到台北夏潮基金会，与绍唐史学研究会交流座谈。这个史学研究会是以刘绍唐先生名字命名，刘绍唐先生是台湾《传记文学》的创办者。这个刊物刊登的大部分是反映中国近代史的回忆文章，比较有影响。我以前也经常看这个刊物。在研究会我们见到了郭冠英，台湾知名人士，比较能讲，也比较敢讲，对国民党内部历史比较熟悉，以前来过大陆参加活动，我曾在西安和北京的会上见过他，也算是比较熟的人了。我们这次是西安事变史料征集交流，可惜我们编辑的《西安事变资料汇编》没能及时出版，也没有能带来，这是比较遗憾的。不过，如果我们提前把资料汇编目录印出来带着，可能讨论起来会更有针对性。这次座谈来了不少人，还比较深入。

11月20日，起的比较早，今天要去新竹，去参观张学良的故居。路比较远，因为是在山里，路比较窄，不太好走，安全第一。快中午才到。故居还不错，据说原来的故居因为被山洪冲毁，现在的故居是重建的。故居里有关于张学良到台湾后的展览，内容还是不错的。讲解员很有感情，对两岸交流非常积极，见到了杨瀚，很是激动，专门和杨瀚照了相。下午，我们赶到台中雾峰，参观林家官保第。这个林家是台中市雾峰区知名的望族，集政、军、农、商于一体的大家族，兴旺了100多年。林家的宅院1985年被定为二级古迹。雾峰林家和基隆颜家、板桥林家、鹿港辜家、高雄陈家并列为台湾五大家族。参观完已经天黑了，我们直接到了日月潭驻地，当晚住日月潭边上。

11月21日，上午乘船参观日月潭，发现台湾的地震对日月潭也有影响，一个小岛已经没有了。参观了日月潭旁边山上的文武庙，这也是个比较现代的寺庙。我发现目前两岸关系不是很好的情况下，大陆的游客少了许多，从台湾的一些景点就可以看出来，游客少了，日本的游客和本土的游客显现出来了。据说蔡英文当局以对日本和本土游客旅游补贴为诱饵，来吸引一些游客。下午去台中参观了一家叫若水堂的简体文字书店，因为台湾的书籍绝大部分是繁体字。这个简体字书店是2002年，一批对两岸文化交流极具热情的爱书人所创办的。店名以老子《道德经》的“上善若水，水善利万物而不争”，选若水为店名。在书店工作的几位年轻人都非常敬业，他们也经常到大陆来进书，我也给他们出了些主意。此后又参观了台中歌剧院，这是一座设计新颖的建筑。当晚住在台中了。

11月22日，我们回台北，先去阳明山参观了林语堂故居，虽然不大，但很有味道。这个故居是林语堂本人设计建造。依山而建，可以俯瞰台北市。环境不错。下午参观台北故宫博物院。因为以前看过，所以只是选择性地看了看。

11月23日，上午在台北与忠义同志会进行交流，下午又去了新中华儿女学会，也是台湾新党中央党部，交流了有关资料收集问题。又去了国民党党史馆，目前党史馆与国民党中央党部是一个楼内。做了简短的交流，可以感觉到国民党组织内的不好状况。不过在党史馆内还是看到了有中国大陆的学者在那里看资料，是中国人民大学和中央民族大学的两个人。

11月24日，上午参观了孙中山纪念堂，与他们馆长等进行了交流。参观了有关展览。看到不少小学生到馆内参观，与孙中山的画像合影，很是感慨。下午，我们专程到台北的诚品书店，这个书店很大，书很多，涉及大陆的也特别多，当然有许多书是我们在大陆还看不到的。

11月25日，上午乘机返回北京。应该说，在目前两岸局势不是很好的情况下，这次以西安事变资料征集为交流还比较成功，尽管交流的内容不是很深入，但目的达到了。因为在前些年国民党执政时，我们已经多次到过台湾，有不少资料我们已经收集到了，而且今年很快就要出版了。十分感谢台湾朋友给予过的帮助，我们此行，让他们更多了解了我们所做的工作。不过，我也有些担心，看到民进党在岛内的所作所为，不知今后的局势会出现什么变化。这次我们就没有能去台湾“国史馆”（也就是档案馆），台湾当局已经禁止该馆向大陆开放了。不知以后国民党党史馆会怎样？我还是希望全国政协利用各种名义加强和关注与台湾有关方面的文史资料交流，能多收集一些是一些。

我也非常感谢全国政协文史委还惦记着我，邀请我此次同去台湾交流参访，感谢许多同志一路对自己的关照。

媒体报道

公示四万亿投资项目　严防中华文化标志城

要雪中送炭，不要去锦上添花，你已经有孔府了，有孟子故居了，爱怎么开展就怎么开展，你非要再搞一个文化陪都，我觉得一些地方打造这样的东西，此风不可长。

——黄小同

昨天下午，参加社科界分组讨论的全国政协委员、中共中央党史研究室室务委员、秘书长黄小同向本报记者透露了他的一份《关于国家四万亿投资项目应该公示》的提案，建议公示四万亿投资项目情况，严防“中华文化标志城”类似项目“搭便车”入围。他的这一建议，不仅得到在场多位委员认同，还曾两次爆笑全场。

炮轰“跑部钱进”

在昨天下午的小组讨论中，黄小同透露，四万亿决策出台后，国家发改委周边旅馆很快爆满，各地都在“跑部钱进”，几乎每个省都在短时间内拿出了上百个项目。“这些项目是谁论证的？怎么论证的？报到发改委后谁管审批？怎么证明这些项目上得合理、上得科学？如果只是以很快拿到钱为原则，谁来对这些项目负责？谁对国家财政负责？谁对老百姓的钱负责？”

在会议间隙，黄小同回答本报关于这些项目是被各地采取什么手段争取到时，连称“我非常关心，但也不知道。现在有的省说我们项目下来了，拿了多少钱。我就怀疑，这些项目他们怎么拿到的？有没有什么诀窍？这个我也不知道。我在提案里写了。我说这里边有很多内情，一般人是不了解的，我也不是十分了解，但是我认为，应该透明度更强。可能你们媒体有办法，能了解更多一些。

“至少要公开四项内容”

黄小同说，“我这次搞了个提案，认为四万亿投资项目应该公示，建议在全国人大代表、政协委员和有关部门中适时公示，听取意见。”

要公示哪些内容？黄小同接受采访时称，至少要公示四项内容：每个项目资金多少，用途是什么，要达到什么效果，谁在为该项目负责。“因为不管将来是审计还是监督，我总要找到负责人。”

黄小同称，还应该有法律政策来规范四万亿投资项目，但“法律追究怎么做我还没有想好，我会继续思考，完善提案内容。但我现在首先想到的是，要在短期内尽快公示，因为我有知情权，我要知道这四万亿花到哪儿去了，你是怎么分配的？谁来论证的？经过哪些程序批准的”？

严防“搭便车”项目

在小组发言中，黄小同不无担心地表示：“很多地方重复建设、一哄而上、搞形象工程，打造什么中华文化标志城，说实话我担心，山东济宁这个项目是不是也‘搭便车’挤进来了？也拿下来了？我们也不知道！反正去年政协会后我听到的消息是，山东济宁方面根本就没有觉得什么，认为该干还是干，他们发出的声音就是这样。你说咱们这100多位政协委员反对了半天，也就这么不了了之了？”

就在此时，中国社科院原副院长江蓝生委员抢过了话筒：“那我们就再搞一个提案，《不能让文化标志城纳入四万亿》！”

去年反对建中华文化标志城的委员中有数位均在社科界，此话一出，爆笑全场。而在座的山东大学易学与中国古代哲学研究中心主任刘大钧委员，因去年曾为该项目辩白，而表情略显尴尬，结果再次引爆全场笑声。

会后，黄小同向本报记者表示，“我们也害怕这件事是不是会在四万亿投资项目里，我在提案中还专门写了这件事，去年政协会时他们介绍这个项目投资300亿元，后来说300亿元还不够。可试想想咱们西部山区，我也经常下去做调研，像那些希望小学的孩子们，更需要钱。要雪中送炭，不要锦上添花，你已经有孔府了，有孟子故居了，爱怎么开展就怎么开展，你非得要再搞一个文化陪都，我觉得一些地方打造这样的东西，此风不可长。”

（原载于《南方都市报》2009年3月6日）

关注少数民族地区基层干部培养

近日，腾讯网联合中国网对全国政协委员黄小同进行了连线，就去年一年所关注的热点问题进行了交流。在连线中，他认为少数民族地区的社会稳定与基层干部有一定的关系，同时也认为解决“三农”问题要提高农民整体素质。以下为连线实录：

问：您现在主要关注哪些热点话题？

黄小同：一个是关于“三农”问题的，主要是关于农村劳动力，或者从广义上讲是农民的整体素质提高问题。

去年针对国际金融危机，我国中小企业生产形势受影响，许多农民工失业或待业等问题，我建议面对这一形势，政府和有关部门、企业应该积极应对，抓住时机，对广大农民工在失业或待业期间，进行职业技能培训，即稳定了社会和农民工队伍，更主要是为经济恢复发展、社会主义新农村建设和农业现代化的发展储备人力队伍。

这个提案引起有关部门的重视，并作为重点提案。国务院有关部委也非常重视，全国政协还专门组织进行了深入调研，我也参加了调研。我也了解到国务院和有关部门在去年还是对此问题下发了不少文件，推动了农民工职业技能培训和其他有关问题的解决。当然，在调研中我们又发现了不少问题，比如由于在农民工职业技能培训上，国家好几个部门都在抓，到下边就出现了各自为政，重复培训，资源浪费的现象，还有就是农民工输出地和输入地之间在培训工作的对接上，还存在一定问题，有培训针对性不强等问题。因此，在这个问题上，如何进一步统筹兼顾，如何整合培训资源，还需要有关部门加强研究。

实际上，提高农民工的整体素质，对城市社会经济发展，新农村建设，包括转变经济发展方式，推动农业的现代化是非常重要的。但是，农民工只是广大农民的一部分，目前也就是两亿左右。那么继续在农村从事农业生产的大批劳动力，他们的知识结构、劳动的科技含量以及对现代农业的理念，如何适应国家对农业农村发展的需要，也是一个很重要的问题。同样，农村还有大批正在接受国民教育的中学生，他们对发展现代农业的思想理念、他们的现代农业知识，整体素质的提高也是一个问题。总不能所有农村人都进城吧?

但是，目前我感到在这方面提得还不太够，应该引起关注。

另外，这两年自己还比较关注的是少数民族地区的社会稳定与我们基层组织建设、基层干部培养之间的关系问题。过去的两年，西藏、新疆先后出现了一些骚乱事件，严重影响了社会稳定和当地的社会经济发展。当然，事件的出现是与境外敌对势力的捣乱破坏分不开的。我们在认真应对这些事件的时候，是否也应该从我们自身，特别是在基层组织建设、基层干部培养教育和对基层干部严格要求不到位上找找原因呢？当然这个问题比较复杂，目前自己还是在关注、研究阶段。

再有，这和我搞的工作有关系，就是对我们现在搞的红色旅游，各地的红色资源、革命遗址遗迹以及党史遗址怎么好好保护、利用的问题。在对有些地方进行调研的过程中，感觉到地方有些基层干部、有些地方政府对这个问题还没有给予充分的重视，致使有些地方的不少革命遗址遭到破坏，或者是没有人管理。也有些地方似乎是很重视，但是，是从搞活经济的角度出发，能够把这个地方搞热闹了，推动、拉动地方经济，所以商业性又特别重，甚至出现史实不真实，人为打造的痕迹。起不到教育广大群众、青少年和党员干部的作用，这恐怕是需要有关方面引起注意的。

（原载于腾讯嘉宾访谈2010年3月3日）

东莞培训农民工的模式备受关注

一边是农民工想学到更多技能，一边是很多的培训针对性不强，培训内容重复，这个“结”怎么解开？

昨日，全国政协十一届三次会议开幕，当晚，中央电视台《焦点访谈》栏目把关注目光锁定在这一话题上，而这个话题的采访还与一篇全国重点提案有关——《关于加强对农民工进行职业技能培训》的提案。该提案在调研时，东莞是重要一站，调研组十分推崇东莞的做法：不搞一刀切，有针对性开展培训。

提案人、全国政协委员、中共中央党史研究室室务委员、秘书长黄小同，以及正在北京出席全国两会的全国人大代表、东莞市委副书记、市长李毓全，就农民工培训话题接受了央视采访。

东莞式培训获得高度肯定

在全国两会召开前，国内主流媒体无一例外地把目光投向了农民工以及新生代农民工，这支城市经济发展不可缺少的庞大生力军，他们是否获得了较好的培训和技能提升？

2009年6月下旬，全国政协提案委调研组一行23人赴四川、广东调研。作为调研组成员，黄小同发现，很多农民工培训存在两个问题：一是由于农民工文化程度不同，培训的针对性不强；二是重复培训，多头管理现象比较严重。看到这一现象，黄小同心里很不是滋味。不过，东莞有针对性而不搞一刀切的培训模式则让他有些兴奋。

当时参与调研的有关人员向记者表示，广东是劳务输入大省，东莞是制造业名城，选择拥有600万外来工的东莞，具有标本意义。

黄小同认为，东莞的经验就是根据地区经济发展的需要进行技能培训，包括电子、机械、家具、服装、玩具、餐饮及服务业等，不仅有从低到高的技能转型，而且还包括转变工种、转变行业的培训。

更让他“意外”的是，东莞对农民工培训还有激励机制，这样就真正给广大农民工就业提供了广阔的空间，不仅为农民工的自主创业打下了基础，也为新农村的建设培养了力量，“在东莞调研期间，我们深受启发。”

……

回京后，调研组撰写了《关于加强对农民工进行职业技能培训》的报告，东莞如何加大力度培训农民工的一些做法被写进了报告。

今年1月21日，国务院办公厅第11号文件《关于进一步做好农民工培训工作的指导意见》下发，该指导意见认为，提高农民工技能水平和就业能力，促进农村劳动力向非农产业和城镇转移，推进城乡经济社会发展一体化进程是当前国务院工作重点。并就进一步指导做好农民工培训工作提出制定培训规划、明确培训重点、实施分类培训、增加培训针对性、创新农民工培训机制、建立规范的培训资金管理等指导意见。

“我感觉到，政府听取了来自方方面面的意见。”接受央视采访时，黄小同兴奋地说。

显然东莞对农民工的培训早已名声在外，但并没有停步。李毓全昨天接受央视采访时说：“他们在视察中，对我们提出了很多改进的意见，对我们工作有很大促进。接下来如何抓好农民工培训，我们从加强领导、统筹规划、完善政策、创新实施、讲求实效五个方面做了比较大的改进。”

……

（原载于东莞阳光网2010年3月8日）

“让党史档案焕发出更加耀眼的光辉！”

李东晟

2011年是中国共产党成立90周年。隆重纪念建党90周年，是今年党和国家政治生活中的一件大事。日前，中共中央政治局常委、中央书记处书记、国家副主席习近平在会见全国党史研究室主任会议和中共党史学会代表时强调，要以中国共产党成立90周年为契机，切实搞好党史宣传教育，充分发挥党史以史鉴今、资政育人的作用。众所周知，党史工作与档案工作之间有着密不可分、千丝万缕的联系。今年全国“两会”期间，本报记者就党史档案的重要性以及如何进一步发挥档案资源的优势、做好党史研究及宣传工作，专访了十一届全国政协委员、中共中央党史研究室原秘书长黄小同研究员。

“忘记历史就意味着背叛。”黄小同委员借用这句名言进入了这次采访的话题。他说，去年党中央首次就加强和改进新形势下党史工作提出意见，指出：“党史工作是党的事业的重要组成部分，在党和国家工作大局中具有不可替代的重要地位和作用。”“我们党历来高度重视党史工作，注重从党的历史经验中汲取开拓前进的智慧和力量。以毛泽东、邓小平、江泽民同志为核心的党的三代中央领导集体和以胡锦涛同志为总书记的党中央，分别在不同时期对党史工作做出一系列重要指示，为党史工作发展指明了方向。我们党先后做出两个关于历史问题的决议，对统一全党思想、推动党和人民事业打开新局面起到了重要作用。党史工作紧紧围绕党的中心工作，在推进革命、建设、改革事业，加强和改进党的建设等方面发挥了重要作用。”应该说，这些年在党史工作积极发挥作用的过程中，反映党的历史的文献档案资料起到了重要的支撑作用。多年的实践证明，对中国共产党历史的学习、研究、宣传工作始终离不开文献档案资料，如果没有文献档案的支持，不可能研究宣传好党史，更不可能写出信史。

他说，改革开放以来，档案部门以其自身管理的丰富的历史文献档案资源优势，为社会，特别是为党史学习研究工作提供了大量具有权威性的文献档案资料。比如20世纪80年代至90年代，中央档案馆曾编辑出版了《中共中央文件选集》18卷，系统地公布了中国共产党在民主革命时期的大量重要文献档案资料，这套文件选集对党史部门在研究民主革命时期的中国共产党历史和《中国共产党历史》第一卷的编写起到了积极的推动作用。当年，中央党史研究室许多研究人员的案头上都放着这套文件集。中央档案馆还与地方档案部门、党史部门合作编辑出版了许多卷涉及民主革命时期中央局、地方省委和革命根据地的历史文献档案选编，这些都有力地推动了民主革命时期中国共产党历史的深入研究，推动了全国的党史工作开展。后来，在中央档案馆的全力支持下，由中央文献研究室编辑的《建国以来重要文献选编》20卷和反映毛泽东、周恩来、刘少奇等党和国家领导人建国后领导社会主义建设的重要文献选编，比较系统地公布了从新中国成立到“文化大革命”前的重要文献档案；还有中国社会科学院、国家民委等部门编辑出版了一批专门性文献档案选编，从而推动了对社会主义时期中国共产党历史的研究。在这方面，档案部门都发挥了重大作用。为纪念中国共产党成立90周年，刚刚出版的《中国共产党历史》（第二卷），在研究编写过程中也是大量地参阅了这些重要文献档案选编。可以说，各类党史研究成果中都渗透着历史档案文献的支撑作用。

这些年来，许多退出工作岗位的老同志纷纷拿起笔，开始撰写自己参加革命、建设事业的回忆录，这对党史的学习、研究、宣传又开辟了一个新的领域。在这方面，档案部门继续发挥着作用。黄小同回忆了自己参加《彭真传》和薄一波同志回忆录《七十年奋斗与思考》撰写时的情况。他说，那几年，自己几乎就是一头扎在档案里了，天天在研究档案，通过大量的档案来印证老同志的回忆，以确保老同志回忆的准确和严谨。黄小同说，在党史研究工作者的眼里，档案馆就是一片“珍宝天地”，许多在党史重大问题和重要人物方面取得研究成果的研究人员，几乎都有过长期在档案馆这个“珍宝天地”掘宝的经历。20世纪为深入研究刘少奇同志1949年视察天津的活动，自己曾用了近一年时间，查阅了中央档案馆、天津市档案馆、河北省档案馆、唐山市档案馆馆藏的所有反映刘少奇当年在天津活动的档案资料，通过深入研究、考证，与其他同志合著了《刘少奇与天津讲话》一书，得到了刘少奇夫人王光美同志的肯定，认为对当年刘少奇在天津的活动的阐述是比较准确的、客观的，是实事求是的。如果没有档案部门的大力支持，我们党史研究工作者是不可能取得好的研究成果的。

黄小同在采访中表示，一个政党、一个国家，在其发展历史过程中，都会有成功的经历，也有失误的经历，这些都会在历史档案中真实地记录下来，这是一笔宝贵而不可替代的财富。如何充分发挥这批珍贵档案的作用，是需要档案部门和党史、文献等有关部门共同探索的。记得在新中国成立50周年和建党80周年的时候，中央档案馆曾先后编辑出版过《共和国五十年珍贵档案》（两卷本）和《中国共产党八十年珍贵档案》（两卷本），通过展示档案原貌，直观形象地反映中国共产党三代领导集体为中华民族伟大复兴而奋斗的历程。这是非常好的形式。要以科学的态度、以创新的方法，充分发挥历史档案在推动中国共产党历史的学习、宣传、研究中的独特作用。

他说，自己在从事30多年的党史工作中，经常与历史档案文献打交道，可以说对档案有着特殊而深厚的感情。今年是中国共产党成立90周年，中央对党史工作提出了越来越高的要求，党史部门的任务也越来越重，真诚地希望档案部门和党史部门能够进一步加强交流与合作，通过党史工作的全面开展，充分发挥出党史资政育人的作用，在这个过程中，让珍藏的、宝贵的党史档案发出更加耀眼的光辉！

（原载于《中国档案报》2011年3月10日）

提案的背后

——黄小同委员的基层履职情

江　迪

2月27日的晚上，中央党史研究室研究员黄小同委员的手机响个不停。来电来信的人大都是一个主题——祝贺，因为当晚的《新闻联播》用近4分钟的时间介绍了黄小同委员如何通过提案助推农村基层文化建设。

其实，熟悉黄小同的人对这条新闻并不诧异。常挂念基层、常行走基层是很多人对黄小同的印象。“在单位里经常听黄小同委员提起当年插队的地方，记得当年的老书记还邀请他们当年一起插队的朋友回去聚聚。”中央党史研究室占善钦说。

对基层的深情也反映在黄小同的履职工作中。农民工就经常让黄小同牵肠挂肚。全国政协十一届二次会议前夕，黄小同注意到，在国家建设中扮演重要地位的农民工，却面临着职业技能水平低下的问题，甚至影响到工程质量。经过调研，他提交了一份《关于加强对农民工进行职业技能培训的提案》。这份提案被选为全国政协重点督办提案，全国政协提案委员会组成调研组赴四川、广东等地进行调研，有力促进了农民工职业培训的开展。

2010年，黄小同随团赴云南就滇越铁路保护进行调研。调研结束后，他没有立即离开。他想自己到基层看看。朋友带他走进了石屏县哨冲镇慕善村。这里是花腰舞的发源地。

黄小同早年在内蒙古插队时，曾经是公社组织的文宣队的成员，农闲时就到各个牧民点去演出，这段经历使他对基层文化建设至今格外关注。到了慕善村，黄小同眼前一亮：这个小村里居然有三个陈列室，分别展览着村里的不同时期文化器具、生产和生活器具以及服饰的变化。

“这说明当地有着强烈的文化需求和文化自豪。”黄小同判断。他和村支书孙正尧聊了起来，聊天中黄小同了解到，花腰舞在当地颇受欢迎，一有活动，就请他们去演出，但基层文化经费不足使演出经常陷入了白演的尴尬。同时，随着年轻人外出打工增多，演员不足的情况也常有发生。

“我们当年插队时，外出演出还都算工分呢。如果不给补贴，一套刺绣的演出服要4000块，或者花三年时间自己绣，这对农民实在是很大的压力。”于是，一份《关于加强对农村基层文化建设的指导和财政扶持的提案》开始在黄小同心中成形。

仅靠政府支持，难以形成持久的活力。黄小同还和当地村支书聊起了如何开发当地文化资源，帮他们选择了兴办农家乐、发挥刺绣特色的道路。

今年初，黄小同再次来到慕善村。变化让他欣喜：村里又多了一个陈列室，刺绣成了主题。每个小块的刺绣下有着作者的名字和出生年月。游客看上了哪块刺绣，就会被带到作者家里，面对面交流。

孙正尧告诉黄小同，慕善村去年获得了政府30万元，建起了新的村民广场、新的体育设施和村民活动室。老百姓明显感到，石屏县组织的杨梅节、花腰歌舞节等各种文化活动也多了，这些活动经常邀请各村花腰舞队参加，去了，还有补贴。

他们不知道，这些变化，离不开黄小同提案的推动。“我想以后能看到慕善村的文化生活变得越来越好。相信这种变化也将在更多的地方发生。”黄小同说。

（原载于《人民政协报》2012年3月12日）

让议案提案以学术的方式把准时代脉搏

王建峰　袁华杰

他们是代表委员，又是学者，在两个身份之间转换，直到找到契合点，把两种身份恰当地结合在一起。他们通过议案提案，积极参与国家政治生活，建诤言，献良策。回顾他们的履职经历，就像打开一幅画卷，其独特的参政风貌跃然纸上。

从学者到代表委员

“两会”从来不乏学者代表委员的参与。在政协会议上，仅社科界就有70多名委员，更有众多学者分布在不同界别和领域。“成为一名合格的代表委员并不那么容易，需要具备很高的参政议政能力，能够提出全局性又有针对性的提案。”一名代表告诉记者。

全国政协委员、国务院研究室副主任江小涓是全国政协提案委员会的专委，她总结了提案中常见的几个问题：一是提案者对现实现状了解得不够；二是只提出问题，拿不出解决方案；三是同类提案多。

一位有丰富提案经验的学者代表告诉记者，提高参政议政能力，不能仅局限于自己的专业，必须深入到社会各个阶层；提案不要放空炮，针对性要强；最重要的是，必须为民负责。一个人可能是某个领域的专家，但并非就是优秀的代表委员，这中间有一个成长的过程。

记者在采访中了解到，学者最终成为一名合格的代表委员，大都经历了这样的成长之路。从起初的茫然无措，到中间经历历练过程，最后才能准确切中社会和时代的脉搏。有学者说："成为代表委员，考虑问题就不会再像原来那般理想化了。"

走进现实，更加密切地关注民生

厚实的学术功底，科学的调研，让学者型代表委员在参政议政中具备了独特的优势。全国政协委员黄小同的另一个身份是中共中央党史研究室原秘书长，他常常用历史的眼光关注现实，并以坚实的调查走进现实。

"文化大发展大繁荣，我非常赞同，但同时又想，我们究竟要什么样的大发展和大繁荣？"他认为要切忌文化建设中的浮夸和泡沫。有一次，政协组织到少数民族地区和革命老区考察，在当年红军四渡赤水的地方，当地一位县长在座谈会上表示要打造一枚中国最大的党徽，黄小同当面质问："要造多大的？什么叫最大？你们这么干，说实话，就是形式主义。"

他所理解的发展繁荣文化，是扎扎实实生长起来的。当前文化建设的重点，在他看来，正是农村基层和中西部地区，这也成为他2011年"两会"提案的中心内容。提案的最初想法来自于他到云南石屏县的一次调研。在石屏县哨冲镇的慕善村，他不仅找到了当地彝族花腰舞的源头，那里的所见还让他吃了一惊。原来村里自发建了三个简陋的陈列室，分别陈列着独具特色的不同年代的生产、生活用具和民族服饰。

“我当时就感觉到当地老百姓对于文化的渴求，他们想保护和传承自己的文化。可是由于村寨落后，即便是他们自己创造的花腰舞，传承下去都很困难。年轻人都出去打工了，连一支花腰舞队都凑不齐。”黄小同随即写出一个提案，内容即是满足农村基层文化的需要，呼吁文化部门帮助他们。

……

关爱和认为，一定要与人民群众保持密切联系，深入群众，深入调查，深入思考，听取和反映他们的意见和要求，努力为人民服务，不辜负党和人民的重托。

回到学术，促进专业提升

……

代表委员们说，一定不能忘记自己是一名学者，不能疏于专业的研究。这需要从代表委员转换回学者，沉下去安心做学问。当然两者并不矛盾，对他们来说，做代表委员是一次难得的学习机会，反过来还可促进专业的提升。

已做了第五年政协委员的黄小同开始了对自己的专业进行学术反思，“我们搞党史研究的更多是回头看，看资料，看档案，但很少看眼前，再往前看。其实，我们应在历史和现实之间搭起一座桥梁。”他希望找机会将这一反思和同事作个交流。

……

一次故地重游让黄小同的参政感融进了满足感和成就感。今年“两会”前，他重回云南花腰舞故乡，在慕善村看到了两个变化：陈列室从三个增加到了四个，他们的花腰舞队人也凑齐了。

（原载于人民网2012年3月15日）

图书在版编目（CIP）数据

政协委员履职风采 . 黄小同 / 黄小同著 .-- 北京：中国文史出版社 ,2016.11

ISBN 978-7-5034-8695-1

Ⅰ . ①政… Ⅱ . ①黄… Ⅲ . ①政协委员—生平事迹—中国②黄小同—生平事迹Ⅳ . ① K820.7

中国版本图书馆 CIP 数据核字（2016）第 292353 号

责任编辑：王文运

出版发行：中国文史出版社
网　　址：www.chinawenshi.net
社　　址：北京市西城区太平桥大街 23 号　邮编：100811
电　　话：010—66173572　66168268　66192736（发行部）
传　　真：010—66192703
印　　装：北京地大天成印务有限公司
经　　销：全国新华书店
开　　本：787 × 1092　　1/16
印　　张：15　　　　插页：6
字　　数：156 千字
版　　次：2018 年 1 月北京第 1 版
印　　次：2018 年 1 月第 1 次印刷
定　　价：42.00 元